KB048088

柳麟錫과 安重根의 독립운동

정우택 지음

도서출판 한글

The Indendence Movement related to

Ryu Inseok and Ahn Jungkeun

이 책의 중요 논증 내용이다.

1908년 6월 말 연해주의병 창의대장은 毅菴 柳麟錫이다.

1908년 柳麟錫은 국내·국외 한국의병 統合倡義大將이다.

1908년 한국의병 창의대장 金斗星은 柳麟錫의 가명이다.

1908년 安重根은 의병활동에서 柳麟錫의 지휘를 받았다.

1909년 安重根은 하얼빈의거에서 柳麟錫의 지휘를 받았다.

차 례

국 문 초 록

이 글에서 연구하고자 한 한국독립운동사韓國獨立運動史는 창의대장倡義大將 의암毅菴 류인석柳麟錫 1842~1915과 안중근安重根 1879~1910 의사義士 와 관련된 주제들이다. 먼저 1908년 6월 연해주 한국의병의 창의대장은 류인석임을 입증하는 글이다. 다음 1908년 류인석의 역할은 한국의병의 국내의병진과 연해주의병진을 함께 지휘한 통합창의대장統合倡義大將이라는 연구이다. 셋째, 안중근이 『안응칠 역사安應七 歷史』 와 여순 옥중旅順 獄中에서 진술한 연해주의병 총대장 김두성金斗星은 류인석의 가명인 의병장이다. 넷째, 안중근은 연해주의병에서 류인석의 지휘를 받았다. 끝으로 1909년 10월 26일에 일제의 한국 침략 수괴 이토 히로부미伊藤博文를 격살한 안중근의 하얼빈의거 배후에는 류인석의 지휘가 있었음을 증거하였다.

위에 열거한 내용들은 한국독립운동사 연구에서 대부분 처음으로 주장하는 새로운 공헌이다. 김두성과 류인석에 관한 동일인 입증의 경우는 지금까지 많은 연구결과가 있었으나 아직도 확단의 논리적 증거를 제시하지는 못했던 것이 사실이다. 그러나 이 연구에서는 자료에 내포된 진의를 세밀히 분석하여 이 특별한 주장을 합리적으로 펴오고 있다. 그러면 과연 이 연구의 주장이 근거 없는 것인가. 그러나 이 연구는 여러 관점에서 검토해 볼 가치가 충

분하다고 여겨진다. 경우에 따라서는 이 연구의 결과로 한국독립
운동사 또는 한국의병사를 새롭게 써야 할 과제를 제시할 만큼
연구방향에 큰 기여가 기대될 것이다.

일반적으로 류인석의 연구에서 그가 1895년 을미의병의 창의
대장이며, 의병전쟁의 실패로 두 번에 걸친 만주 망명을 거론한
다. 그 후 국내에 들어와서 강학활동과 창의활동을 돕다가 1908
년 9월 초순 연해주에 망명해서 1910년 2월 십삼도의군도총재十三
道義軍都總裁에 추대된 것으로 연구가 이루어졌다. 그러나 이 연구는
류인석의 의병활동이 훨씬 이보다 폭 넓고 전향적이라는 것이다.
이미 1908년 4월 말경 연해주에 건너가 이범윤李範允 1856~1940 등과
블라디보스토크Vladivostok의 의병창의 모의에 핵심으로 가담했다. 다
시 류인석은 그 해 6월 말경에 창의倡義한 연해주의병에서 창의대
장으로 추대되었음을 증거하였다. 이 모든 연구는 『한국독립운동
사자료韓國獨立運動史資料』 이하 독립운동사료와 류인석의 문집인 『의암집毅菴
集』 이하 문집의 정밀한 분석을 바탕으로 이루어졌다.

따라서 선행연구가 일반적으로 주장하는 류인석의 의병활동인
'국내 의병활동~1908년 9월경 연해주 망명~1910년 2월의 십삼
도의군도총재 추대'는 매우 소극적이라는 의미이다. 이와 같은 연
구방향은 창의대장 류인석의 연해주의병활동을 실종시키고 그의
국내와 연해주를 아우르는 폭 넓은 의병활동을 축소시키는 소극
적 연구로 간주한다. 이 연구의 논지는 '1908년 4월 말경 류인석
이 연해주의병 창의계획에 주도적 참여~류인석은 6월 말경 직접
참여하여 창의대장에 추대 받음~안중근은 류인석 휘하 참모중장

으로 국내진공에 참여~류인석은 1908년 7월 국내에 돌아와 국내
진공을 성공하기 위한 각지 의병활동 독려~류인석은 국내와 연해
주를 아우르는 통합창의대장으로 활동~1909년 10월 26일 안중
근의 하얼빈의거 지휘~류인석은 1910년 2월 십삼도의군도총재에
추대됨'으로 류인석의 역할을 크고 높게 평가하였다. 따라서 류인
석의 십삼도의군도총재의 직위는 이미 1908년 6월부터 그가 담
당하고 있던 통합창의대장의 연속임을 알 수 있다.

    그러면 기존연구와 이 새로운 연구의 차이점은 무엇에서 연유
한 것인가. 기존연구에서 일반적으로 연구자들의 경향은 독립운동
사료를 일제의 수사정보나 첩보자료로 보아 그 사실성에 무게를
두지 않았다. 그러나 이 연구에서는 최소한 연해주의병 창의와 관
련된 시기인 '1908년 4월~7월'의 류인석과 연관 있는 독립운동
사료의 '헌기 432호'1908년 8월 함경도 정보를 분석한 결과 매우 신빙성이
있음을 확인하고 이를 활용하였다. 한편 문집의 경우 일제의 간행
방해·간섭 등 여러 여건으로 이 기간에 해당하는 자료에 누락된
근거를 발견할 수 있었다. 이와 같이 자료 자체를 검증하고 보완
하여 활용한 결과는 기존연구에서 밝힐 수 없었던 연구결과를 얻
을 수 있었다.

    이 연구에서 류인석은 연해주의병의 창의대장임이 입증되었다.
그는 1908년 4월 말경 블라디보스토크의 창의모의 회합에 참석
하여 이범윤 등과 연해주의병 창의를 계획했다. 다시 그해 6월 하
순경 류인석은 연해주의병 창의에 직접 참여하여 창의대장으로
추대되었다. 이때 연해주의병 창의 목적은 국내에서의 의병활동

한계를 극복하기 위한 방편으로 해외의 유리한 장소에 의병 진지를 옮기는 것이다. 그러나 국외진지 계획의 궁극적인 목적은 국내 진공에 의하여 국내의병과 협동작전으로 왜적의 토멸과 국권회복의 구상이다. 이 작전을 위하여 류인석은 연해주의병이 국내에 진공하는 임무를 휘하 장수인 이범윤, 안중근 등에게 맡기고 국내의병의 창의를 돕기 위해 귀국하였다.

류인석이 1908년 4월 말경 블라디보스토크에서 연해주의병 창의모의와 6월 하순경 연해주에서 창의를 주도했으며, 귀국 길에 5월 평안남도 개천价川에서의 의병활동 독려, 7월 평안북도 초산楚山에서의 의병 모집활동은 중요한 의미를 갖는 것으로 해석된다. 연해주의병 창의대장의 역할 외에 국내의병 창의에 대한 그의 역할은 국내와 연해주를 함께 지휘하는 한국의병 통합창의대장임을 증거 하는 기사이다. 특히 류인석이 1908년 8월 초순경 국내를 떠나 연해주 망명길에 오른 시점에서 발견된 통문通文의 내용은 이 역할을 입증한다. 이미 류인석이 연추에 정착한 시점인 1908년 9월에도 국내 창의대장으로 기록되어 있는 통문의 내용을 참조할 때 그는 연해주의병 창의대장이면서 아울러 국내의병의 창의대장이다.

안중근의 한문 자서전인 『안응칠 역사安應七 歷史』 같은 책 『안중근 의사 자서전』 이하 자서전에 일제 헌병대의 수사 진술에서 시종 자신은 연해주의병 총대장 김두성의 휘하 참모중장임을 주장했다. 또한 안중근은 김 대장의 직접 지휘를 받는 특파독립대장特派獨立大將으로써 하얼빈의거Harbin 의거를 역설했다. 그의 자서전이나 옥중 진술은 생사를 초월한 위인의 입장에서 거짓일 수 없으며 실제 면밀히 검토해볼 때 대부분 사실임을 알 수 있다. 더구나 5개월에 걸친 집요한 일제의 신문訊問은 아무리 참을성 있는 사람이라도 거짓을 합리화하기에는 한계가 있었을 것이다. 단지 같이 연루된 다른 사람을 보호하기 위한 수단으로 간혹 일제의 눈을 속이기 위한 위장을 감안하고는 그 외 모든 안중근의 진술이 진실성 있는 기록으로 판명되었다.

여러 연구자들은 김두성이 류인석의 가명으로서 의병장이라고 밝혔다. 과연 김두성은 류인석과 같은 인물로 입증되는가. 안중근이 자서전에서, 그리고 하얼빈의거 후 일제 헌병대의 수사과정에서 연해주의병 총대장을 강원도 사람 김두성이라고 진술했다. 지금까지 기존 여러 연구에서 김두성을 류인석으로 인정했으나 그러나 확실한 논리적 근거를 제시하지는 못했다. 즉, 1908년 6월 김두성이 연해주의병을 창의할 때 류인석은 국내에서 의병에 관련하고 있었으며, 그 해 9월 경 연해주에 망명했다는 기록이다. 시간時間 때과 공간空間 장소이 두 사람의 의병활동에서 차이가 있다는 모순이다.

그러나 이 연구에서는 독립운동사료와 문집을 세밀하게 분석하고 그 사실성과 누락을 확인하여 이 시공時空의 불일치를 해결한 것이다. 1908년 6월 김두성이 연해주에서 한국의병을 창의할 때 류인석도 마찬가지로 연해주에 건너가 한국의병을 창의했음을 검증했다. 두 사람 모두 휘하 부장수로 이범윤 등을 거느렸으며 강원도 사람이다. 이런 조건의 일치는 연해주의병 총대장이라고 안중근이 진술한 김두성은 당시 창의대장 류인석임이 입증된다. 이는 자료의 활용과 관련하여 독립운동사료를 전혀 가치 없는 것으로 판단하는 기존 연구자들이 갖는 자료이용의 한계이다. 또한 문집을 보충 없이 사실로 인정하는 기존 연구방향은 최소한 연해주 의병 창의와 활동기간인 '1908년 4월~7월의 4개월간'은 문제가 있다는 것이다.

이 연구의 요약이다. 안중근은 창의대장 김두성의 지휘 아래 연해주의병 참모중장으로 의병전쟁에 참여했다고 진술했다. 이 경우 김두성은 류인석의 가명으로 창의대장임으로 안중근은 류인석의 지휘를 받은 의병장이다. 안중근이 연해주의병 창의대장 류인석의 지휘를 받고 의병활동을 한 것과 연속하여 하얼빈의거에서도 또한 류인석의 가명인 김두성의 지휘를 받고 특파독립대장으로 이 쾌거를 수행했음이 입증되었다. 그렇다면 안중근은 연해주의병 활동과 하얼빈의거 모두에서 창의대장 류인석의 지휘 아래 독립운동을 한 것이다.

주제어 : 류인석, 안중근, 김두성, 이범윤 의병, 연해주 연해주의병, 창의, 창의대장, 통합창의대장, 「헌기 432호」, 블라디보스토크, 하얼빈의거, 특파독립대장, 통문, 『한국독립운동사자료』, 『의암집』, 이토 히로부미.

출간에 부쳐

의암毅菴 류인석柳麟錫은 1895년 을미의병乙未義兵을 창의하고 일생을 의병운동에 헌신한 한국의병사의 상징적인 창의대장이다. 류인석의 연해주 의병활동이 『한국독립운동사자료』 이하 독립운동사료에서 여러 차례 발견되지만 그에 대한 연해주의병 창의에 대한 연구업적은 없다. 안중근安重根 의사의 독립운동은 하얼빈의거는 물론 연해주에서 활발한 의병활동을 벌렸음에도 상세한 연구가 이루어지지 않았다. 필자는 한국독립운동사를 관심 있게 검토하는 과정에서 선행연구자들이 국사편찬위원회가 펴낸 독립운동사료를 크게 신뢰하지 않는 것에 의구심을 가졌다.

이와 관련하여 특히 류인석에 관한 연해주의병과 관련된 많은 독립운동사료의 기사에 대해 등한히 취급하는 것에 상당한 잘못이 있을 것이라고 생각했다. 또 안중근安重根과 관련된 독립운동사료에 대해서도 더 많은 관심을 가지고 연구가 필요하다고 여겨왔다. 이와 같이 독립운동사료를 신뢰하지 않으면서도 간혹 학자들이 독립운동사료에 실려 있는 기사를 인용하는 관례에 대해 더욱 의아해 하지 않을 수 없었다. 물론 독립운동사료를 인용하지 않고 연구가 정상적으로 수행될 수 있다면 자료 활용은 연구자에게 선택의 권한이 있으므로 언급할 필요가 없을 것이다.

이 연구는 이러한 필자의 궁금증에서 시작되었다. 즉 선행연구자들이 일제日帝의 수사·첩보자료에 불과하다고 독립운동사료의 가치를 인정하지 않는 기존의 관행에 거부감을 가지지 않을 수 없었던 것이다. 그렇다면 왜 국사편찬위원회는 많은 경비를 들여 가치 없는 독립운동사료를 편찬했나를 의심하기에 이르렀고, 이를 (사)화서학회華西學會 명의로 「의병편義兵編」에 대하여 사실적 가치가 있는 자료인가의 여부를 문의하기도 하였다.

그 결과는 「의병편」 등의 독립운동사료는 사실적 가치를 충분히 인정할 수 있다는 답변을 받았다. 독립운동사료에서 발견되는 류인석의 연해주의병 활동과 관련한 많은 기사가 그의 문집인 『의암집毅菴集』 이하 문집에서 거의 발견할 수 없다는 사실에는 더욱 무엇인가 잘못이 확실하다고 생각하지 않을 수 없었다. 독립운동 사료에서 연해주의병이 활발하게 전개된 1908년 4~7월 4개월 동안 문집에 그와 연관된 연해주의병 관련 기사가 한 마디도 없다는 데는 충분히 의구심을 가질 만 하였다.

더욱 안중근이 그의 자서전인 『안응칠 역사安應七 歷史』 이하 자서전와 여순 옥중에서 진술한 연해주의병 총대장 김두성金斗星에 관한 연구자들의 연구 결과에 대해 이해할 수 없는 점을 발견할 수 있었다. 필자는 조선시대 5백 년에서 안중근 의사를 초기의 세종대왕世宗大王과 중기의 충무공 이순신李舜臣과 함께 3대 위인으로 추앙할 만큼 깊이 존경하고 우러러보는 입장에서 그에 대한 연구로 학술발표에 참가한 일도 있다. 그와 같은 위인의 진술이 분명히 진실일 것이라면 무엇인가 근거의 해석이 잘못되어 진실이 규명되지 않았을 것이라고 판단하였다.

실제 안중근의 자서전이나 그가 하얼빈의거 후 옥중 신문과정에서 진술한 내용들은 같이 연루되었거나 또 일제가 정보를 얻기 위해 추궁한 인사들을 보호하기 위해 사실과 다른 증언의 사례가 발견되기도 한다. 그러나 자신의 구명을 위해 거짓을 진술한 내용은 거의 찾을 수 없다는 것이 중론이다. 그가 진실을 말했을 것이라는 단적인 사례는 당시 시종 신문과정을 지켜 본 영국 기자 찰스 모리머Charles Morrimer가 그의 위인다운 당당한 모습을 사실적으로 전달한 데서 찾을 수 있다. 사형을 두려워하지 않고 오히려 대의를 위해 담담히 죽음을 기다린 안중근이 거짓으로 살아날 기회를 찾았을 이치가 없는 것이다.

이와 같이 안중근은 위인의 풍모를 지녔으며 그의 진술이 옳다고 믿는다면 그가 류인석을 1908년 봄 블라디보스토크에서 만났다는 진술도 거짓일 수 없다. 그런 경우 류인석은 이미 1908년 봄 블라디보스토크에 실재한 사실이 입증되는 것이다. 또한 류인석의 연해주의병과 연관된 독립운동사료의 1908년 8월 함경도 정보자료인 '헌기 432호'의 연해주의병 창의와 관련된 부분은 안중근의 증언과 같이 류인석이 연해주에 갔다는 의미이다. 이 기사가 사실이라면 류인석은 분명히 1908년 4월과 6월 하순경 연해주에서 의병 창의에 관계했음으로 연해주에 실재했다. 그러나 그의 문집에는 그때 기록이 모두 한 줄로 시기와 장소만을 나열한 빈약한 기록이다. 그렇다면 문집의 소략한 기록은 누락이 있다는 것이다.

선행연구자들이 일반적으로 주장하는 독립운동사료의 성격이 일제의 수사정보에 불과한 가치 없다고 인정하는 관행이 사실인가를 여러 방법으로 검증한 결과는 적어도 '헌기 432호'에 관하여는 사실성이 있다는 확신을 얻었다. 또 문집의 해당기간이 소략하게 기재된 것은 이 경우 자료의 누락을 의미한다. 즉 연해주의병과 관련된 자료가 류인석의 사후 간행과정에서 편집의 잘못이거나 아니면 일제의 방해와 간섭으로 타의에 의한 삭제이거나 자발적 누락에 불문하고 문집에는 빠져있다는 증거이다. 이런 사실을 감안한 자료의 활용이 올바른 결론을 낼 수 있는 연구의 방향이라는 확신을 얻었다.

이와 같이 특정 기사인 독립운동사료의 '헌기 432호'를 표본자료標本資料로 선정하고 이에 대한 사실성을 검증하여 사실성이 있다는 확신을 얻고, 이와 연관하여 문집의 표본기간標本期間으로 선정한 1908년 4~7월간의 누락 부분을 보충하여 완전한 증거 자료로 활용할 때 류인석의 연해주의병에서 역할이 온전히 규명될 것이다. 다시 말하면 선행연구에서 이 부분의 감안 없는 연구결과는 완전한 연구업적이라고 생각하기에는 매우 미흡하다는 것이다. 사실적 자료를 인정하지 않고, 온전하지 못한 자료를 사실로 인정하여 얻어진 연구결과가 사실일 수 없다는 것은 자명한 해답이며 선행연구는 이 사실을 간과했다.

연해주의병 총대장 김두성에 대한 규명도 이와 같은 절차에 따랐다. 류인석이 1908년 4월 연해주의병 창의에 이범윤李範允, 안중근 등과 함께 참여했으며, 다시 6월 하순경 창의에 참여하여 창의대장에 올랐다면 자연스럽게 김두성과 시간時間과 공간空間을 공유하게 된다. 그런 경우 지금까지의 연구에서 연해주의병 창의 때에 류인석이 국내 의병활동에만 전념했음으로 그때 김두성과 류인석이 같은 곳에 있지 않았다는 걸림돌이 자연히 해소되어 두 사람의 동일인 관계가 입증되는 것이다.

또한 이 연구의 결과로 류인석과 안중근이 연해주 한국의병진에서 같이 활동한 사실이 확인된다. 뿐만 아니라 연속된 사건으로 안중근이 일제 한국침략의 수괴 이토 히로부미伊藤博文를 격살한 하얼빈의거에서 류인석의 배후 역할이다. 이와 같이 안중근의 의병 활동과 그의 하얼빈의거에서 류인석이 관련된 증거가 확실하며 이 연구의 중요 부분이다.

이 내용들은 다음과 같이 요약할 수 있다. 첫째, 류인석은 1908년 6월 하순경 연해주에 건너가 창의하고 창의대장倡義大將에 추대되었다. 둘째, 여러 근거로 류인석은 국내와 연해주의병을 아우르는 통합창의대장統合倡義大將이다. 셋째, 연해주의병 총대장 김두성은 류인석의 가명으로서의 창의대장이다. 넷째, 안중근의 연해주의병 활동에서 지휘자는 류인석이다. 다섯째, 안중근의 하얼빈의거는 류인석이 지휘한 근거가 확인되었다.

이 책에 실린 두 편의 논문은 학술회에서 먼저 발표하고 일부는 잡지에 기고했던 글을 보완한 것이다. 1부 논문은 2014년 10월 의암학회에서 연구 발표한 「연해주의병 창의대장 의암 류인석 연구」를 보완한 것이다. 이 논문은 『월간조선』 2014년 11, 12월호에 요약하여 발표하였다. 2부에 「안중근의 의병활동·하얼빈 의거와 류인석의 역할」이란 논문을 추가하여 두 편의 글로 한 책을 엮었다. 이 논문은 2015년 12월 화서학회에서 발표한 글을 보완하였다. 『의암집』 제10호에 기고한 「연해주 한국의병 총대장 김두성 연구」를 또한 참고하였다.

이와 같이 편집한 이 책은 『류인석과 안중근의 독립운동 』이라는 제목으로 류인석과 안중근이 서로 관련하여 벌린 연해주에서의 독립운동을 고증하였다. 1부는 「연해주의병 창의대장 의암 류인석」이다. 류인석의 연해주의병 창의과정과 창의대장으로서의 활동이다. 특히 이 연구에서 중요한 독립운동사료의 사실성 검증과 문집에 누락된 자료의 보완에 상당한 부분을 할애하여 연구결과의 신뢰성을 높이려 의도하였다. 그리고 김두성과 류인석이 동일인임을 논리적으로 규명하였다.

2부는 「안중근의 의병활동·하얼빈의거와 류인석」이다. 안중근의 연해주의병에서의 역할과 하얼빈의거에 대해 깊이 연구하고 그 배후 지휘자로서 류인석의 역할을 조명하였다. 다만 1부와 2부의 원활한 연결과 독자의 이해를 돕기 위해 1부에서 이미 논증한 부분이 간혹 2부에서 중복된 경우가 있으나 이는 피할 수 없는 과정일 것이다.

한국사 역사서의 특성상 한문漢文 표기가 많을 수 있다. 이 책에서는 한글로 먼저 표기하여 한문에 익숙지 못한 독자에 부응하고 글자 호수를 낮춰 한자로 병기하였다. 글 자체가 한문 글이거나 한문으로 쓴 저서의 경우는 한자漢字를 먼저 적고 한글로 병기하였다. 영문자가 필요한 경우 영자로 병기하였다. 독자의 빠른 이해를 돕기 위해 1부, 2부 전체에 대한 '국문초록'을 책머리에 싣고, '영문초록English Abstract'을 책 말미에 실었다. 또 독자에게 뜻을 떠올리게 하는 방법으로 영문으로 제목 표기를 병기하였다. 몇 장의 중요하다고 생각한 사진만을 관련 쪽에 싣고, 새로운 화보를 '부록'란에 실어 사건의 중요성을 일깨우려 노력했다. '찾아보기'는 가급적 자세하게 기록했다.

이 책이 출간되기까지 여러 어려움이 있었다. 역사라는 학문에 아직 익숙하지 못한 필자의 부족한 경륜으로는 책을 내기에 난관이 많았음을 인정한다. 그러나 여러 사람의 고마운 도움은 많은 힘을 보태었다. 먼저 늦게 한국사를 전공하는 과정에서 바른 방향을 제시해준 경희대학교의 김태영金泰永 명예교수와 또 무척이나 서투른 논문을 지도하여 만학을 끝내 준 구만옥具萬玉 교수께 진심으로 감사를 드린다. 대학에서 함께 봉직했던 이석태李錫泰 박사는 영문초록의 작성을 도와줌으로써 협조하였다.

아내 이승원李承媛은 늙은 사람의 건강 때문에 만류도 했지만 항상 버팀목의 역할을 했다. 집의 두 아이 수연修然과 성훈聖勳은 항상 자문에 응하여 젊은 사람들의 생각으로 일깨워주었다. 그 밖에도 도움을 준 많은 지인들의 고마움에 대해서는 함께 감사의 말씀으로 대신한다. 끝으로 경제적으로 출판사에 도움이 되지 않음을 알면서도 책의 출간을 맡아주신 『도서출판 한글』의 심혁창沈赫昌 사장께 이 자리를 빌리어 고마움을 전한다.

2016년 12월 일

지은이 정우택鄭禹澤

제 1 부

연해주 한국의병 창의대장 毅菴 柳麟錫

Uiam-Ryu Inseok, The General of Korean
Resistance Volunteers in Yeonhaeju.

의암 毅菴 류인석 柳麟錫 선생

1. 서론

의암 류인석毅菴 柳麟錫 1842~1915은 1895년 8월 명성황후明成皇后 시해와 11월 단발령斷髮令이 원인이 되어 창의한 을미의병乙未義兵의 창의대장倡義人將이다. 의병義兵의 실패로 그는 2차에 걸쳐 만주滿洲에 망명했으며, 그러나 만주의 동포들에게는 민족정신을 심어줄 수 있는 기회가 되었다. 향약鄕約의 실시로 우리의 관습을 가르쳤고 의병에 대한 교육과 훈련은 이후 이루어지는 연해주沿海州의 한국의병 창의에 큰 도움이 되었다. 이와 같이 한국의병의 정신적 지주로서 류인석은 국내와 국외활동에 관계없이 빼앗긴 주권회복을 위한 의병항쟁에 전념하였다.

한국은 1905년 11월 을사늑약乙巳勒約 을사오조약乙巳五條約 오조약五條約으로 외교권을 일제에 박탈당하고, 1906년 2월 통감부統監府 설치에 의해 주권을 상실하였다. 이어 일제는 1907년 7월 네덜란드 헤이그 Netherlands Hague 밀사파견의 책임을 물어 고종황제高宗皇帝를 폐위하고 순종황제純宗皇帝를 새 임금으로 세워 한국의 주권을 농단하였다. 같은 달 정미칠조약丁未七條約에 따른 8월의 군대해산은 나라를 지킬 무력을 상실하는 계기가 되었다. 군대해산으로 일제는 한국의병의 활동을 더욱 방해할 수 있었으며, 결과로 의병은 활동할 터전과 도와줄 우군을 잃었다.

이러한 20세기 초 한국이 당면한 위기의 상황에서 오직 창의에 의한 일제의 소탕만이 잃어버린 주권을 회복하는 유일한 길이었고, 대다수 한국인이 생각하는 일반적인 인식이었다. 그러나 우리

강토에서 의병을 일으키고 일제에 대항해 싸우기에는 그들의 지속적인 탄압으로 여건이 더욱 어려워졌다. 주권을 강탈당하고 전쟁터의 이점마저 우리 땅에서 빼앗긴 경우, 이 난관을 극복하는 유일한 방법은 국내와 국외에서 전술적으로 유리한 장소를 찾아 의병의 거점을 이전하고, 훈련과 봉기의 중심으로 삼는 전략이다.

류인석의 '국외 근거지 개척론'은 그때 상황으로 국내 주요 의병거점의 유지가 한계에 이르렀음을 이미 감지한 상태에서 착안되었다. 이에 따라 러시아 연해주로 국내의병의 주요 거점을 옮겨 국내진공의 중심으로 삼고자 하였다. 다음, 국내의 동남에 위치한 의병의 거점을 서북쪽 백두산白頭山 부근인 무산茂山, 삼수三水, 갑산甲山 등지로 옮기는 북계北計의 구상이다. 이런 계획의 궁극적 목표는 연해주의 한국의병이하 연해주의병이 국내에 진공하고 국내의병이 호응하여 협동함으로써 북쪽에서부터 일제 침략자를 몰아내고 종국에는 서울을 탈환하자는 국내외국내와 연해주 의병의 협력전략이다.

이 계획을 실천하여 일제에게 빼앗긴 주권을 다시 찾고자 류인석은 67세의 노구를 이끌고 연해주를 왕복했다. 따라서 이 연구의 목적은 그가 1908년 6월 창의한 연해주의병의 창의대장이라는 사실을 규명하는 것이다. 지금까지 연구의 일반적 경향인 류인석이 소극적 방법으로 연해주의병을 도왔다던가, 또는 1908년 6월 연해주의병이 김두성金斗星을 총대장으로 창의한 뒤 그해 가을 처음으로 류인석이 연해주에 도착했다는 주장에 이의를 제기하는 연구이다.

다시 말하면 류인석은 1910년 2월 연해주에서 '십삼도의군도총재'에 추대되기 전에 이미 국내는 물론 연해주의병의 창의대장이 었음을 논증하고자 한다. 이 연구가 추구하는 방향은 그가 1908 년 5월 동의회同義會가 창설되기 전인 4월 말에 이미 연해주의병 창 의의 계획부터 참여하였음을 논증하였다. 물론 같은 해 6월 말로 추정되는 창의에도 직접 참여하여 창의대장에 추대되었고, 이어서 국내로 돌아와 각지를 순회하며 모병과 모금활동에 참여하였다. 이와 같이 류인석이 적극적으로 연해주의병 창의과정에 참여했다 는 연구이며, 기록된 자료에 따르는 증거주의를 우선으로 하였다.

이 논문은 '국내 의병활동', '연해주 망명'의 단순한 류인석에 관한 선행연구의 한계를 극복하는 방향으로서의 논증이다. 따라서 새로운 연구라고 이름 붙일 수 있으며, 류인석의 '연해주의병 창 의계획의 주도적 역할', '창의실행과 창의대장으로 의병활동', '연 해주 망명과 국내외 창의대장으로서의 역할'의 세 과정으로 구분 하여 상세하게 논증하였다. 앞의 두 과정 모두와 끝 과정의 국내 외 창의대장은 선행연구에서 있을 수 없는 논증의 영역에 속한다.

연구를 위한 1차 자료로서 류인석의 『의암집毅菴集』 이하 문집文集과 국사편찬위원회가 편찬한 『한국독립운동사자료韓國獨立運動史資料』 이하 독립운동사료등에 주로 의존하였다. 특히 후자인 일제 수사기관의 정보 자료가 독립운동 연구자료의 가치에서 문집이나 종군일기 등에 앞선다고 보았으며,1) 독립운동사료를 사실로 인정하고 중요 자료

---

1) 국사편찬위원회 편, 「서문」, 『한국독립운동사자료』 8-의병편1, 국사편찬위원 회, 1979, 1쪽. 이하 '국사편찬위원회 편'은 '국편'으로 간략 표기한다. 『한국 독립운동사자료』 는 독립운동사료로 간략 표기를 원칙으로 한다. 또 독립운동 사료의 인용에서는 『독립운동사료』 권차-편차로 표기한다.

로 활용하였다.2) 그 이유는 일제 수사기관이 더욱 철저하게 의병
활동을 감시하고 그 결과를 보고한 정보기록이 오히려 보다 정확
한 자료라고 판단되기 때문이다. 그 외 1차 자료로 안중근安重根
1879~1910의 자서전自敍傳인 『안응칠 역사安應七 歷史』 이하 자서전가 활용되었
다.

    실제 독립운동사료의 가치에 대해 편자編者는 대체적으로 사실의
자료로 평가하였다. 그러나 많은 선행연구에서 독립운동사료의 사
실성을 믿지 않는 경향은 연구자들의 자료로써 활용에 혼란스러
움을 가지게 하였다. 따라서 이 연구에서는 표본자료標本資料를 선정
하여 이 특정자료의 사실성을 먼저 검증한 후 활용함으로써 독립
운동사료의 한계성 우려를 해결하려 노력하였다.

    정보보고를 담당한 기관은 일제 경찰, 헌병대, 군수비대와 이들
의 사주를 받으며 활동한 대한제국 경찰, 관청 등이다. 이 논문에
서는 정보제공 기관이 확실한 경우 그 보고기관을 명기하였으며,
불확실한 경우나 여러 기관을 아울러 지칭할 때는 '일제 수사기
관'으로 기재하였다. 독립운동사료에는 의병에 관한 정보, 전투상
황의 보고와 일본 상인들이 의병에게 피해당했다는 재산의 보상
요구서 등이 수록되었다

    그리고 선행연구에서 자주 활용한 이정규李正奎 1865~1945의 『종의
록從義錄』과 조창용趙昌容 1875~1948의 『백농실기白農實記』는 단지 참고
에 불과한 자료로 취급하였다. 왜냐하면 간혹 자료의 기록 오류나
기록의 윤색은 물론이고, 또 잘못된 자료의 선택 때문에 논지의

---

2) 국편, 「서문」, 『독립운동사료』 8-의병편1, 1~2쪽.

본질을 그르칠 수 있기 때문이다. 자료에 오류가 있을 것이라는 가능성에 대해서는 자료 인용 부분에서 별도로 설명하였다.

이미 설명한 것과 같이 선행연구의 자료 활용에서는 독립운동 사료를 일제의 첩보자료 정도로 소홀히 취급하거나 전혀 가치를 인정하지 않았던 것이 일반적인 경향이다. 반면 문집의 경우 1차 자료로서 중요한 것은 사실이나 문집의 기록을 여과 없이 과신하는 관행은 문제가 있다. 이 연구에서는 이 두 자료 활용의 한계를 극복하는데 우선 중점을 두었다. 즉, 전자의 경우 사실을 검증하여 자료의 가치를 인정하고, 후자의 경우 자료 누락 가능성을 확인한 연후 보충하여 자료로 활용함으로써 올바른 논지를 지향하려고 노력하였다. 자료 활용의 차이가 선행연구와 전혀 다른 연구 결과를 창출할 수 있기 때문이다.

이 연구의 다른 성과는 안중근이 하얼빈의거 후 진술한 연해주 의병 총대장 김두성의 실체를 규명한 업적이다. 선행연구에서 김두성이 류인석의 가명으로서 총대장이라는 여러 적합성을 밝혔음에도 불구하고 한 가지 걸림돌은 두 사람이 시간때과 공간장소를 달리했다는 맹점이다.

그러나 이 연구에서 류인석이 1908년 6월 말경 연해주에 직접 건너가서 창의한 사실을 논증함으로써 류인석과 김두성이 창의한 때와 장소가 같다는 사실을 확인할 수 있었다. 김두성의 실체를 규명한 성과는 독립운동사의 상당한 부분을 개편할 만큼 한국근현대사에 큰 영향을 미치는 연구 결과일 것이다.

2. 새로운 연구를 위한 사전적 상황 정리

1) 선행연구의 일반적 경향

류인석의 연해주의병 활동에 관해서 광복 이후 여러 연구가 이루어졌다. 이러한 선행연구에서 나타나는 특징들 중 이 연구의 방향과 연관되는 류인석의 연해주 망명시기, 연해주의병에서의 역할, 김두성의 실체 등으로 요약하여 설명한다. 특히 류인석의 의병활동에 관한 두드러진 선행연구의 경향은 1908년 가을 연해주에 망명한 것이 그가 처음으로 연해주에 발을 들여놓은 시기로 본 것이다. 다시 말하면 만주에서 귀국한 후 국내에서 의병활동에 전념하다가 1908년 9월 경 바로 연해주에 망명했다는 주장이다. 류인석의 연해주의병 활동과 관련한 대표적 연구를 살펴본다.

조동걸의 연구에서는 연해주 망명시기를 류인석의 친자 류해동柳海東의 진술을 근거로 1908년 음력 2월로 추정했다. 블라디보스토크에 도착해서는 「관일약貫─約」이란 협동체를 구성하여 생활향약과 의병활동의 토대를 마련하는데 그쳐 직접적으로 창의과정에 참여한 사실이 없는 것으로 기술하였다. 그 후 류인석이 십삼도의 군도총재에 추대되어 의병활동을 전개한 것으로 연구의 방향을 잡았다. 김두성을 류인석의 가명인 연해주의병 총대장으로 본 최초의 논문이다.3)

---

3) 조동걸, 「안중근 의사 재판기록상의 인물 김두성 고」, 『춘천교육대학논문집』 7, 춘천교육대학교, 1969.

원영환은 한 연구에서 류인석이 1908년 5월 연해주로 망명하여 최재형崔才亨 1860~1920 · 이범윤李範允 1856~1940을 만나 군자금을 지원한 소극적인 방법으로 의병활동에 참여한 것으로 논증하였다. 따라서 그 이전 창의과정에는 참여하지 않았으며, 1910년 2월에 십삼도의군도총재에 추대되었다. 망명 시기는 이정규의 『종의록』을 근거로 음력 5월 28일의 출발을 기준으로 삼은 것이 아닌가 생각된다. 그러나 다른 연구에서는 『의암집』과 같이 1908년 가을에 연해주로 망명한 것으로 기술하였다. 김두성을 류인석과 동일인으로 보았으나 확실한 근거를 제시하지는 못했다.[4]

박민영은 조창용의 『백농실기』에서 이범윤, 류인석, 안중근 3인이 활동했다는 기록을 근거로 류인석의 연해주 망명을 1908년 5월 이전으로 추정하였다.[5] 이는 조창용이 연해주를 떠난 때가 1908년 5월임을 감안해서 그가 류인석과 직접 만날 수 있었던 시기가 5월 이전이라고 생각한 것이다. 박민영 역시 류인석의 연해주의병에서의 역할을 문인 박치익朴治翼을 보내 원조했다는 정도로 소극적인 활동으로 보았다.[6]

이상근의 연구는 『종의록』에 근거하여 류인석이 1908년 6월 26일음 5월 28일 부산釜山 동래東萊에서 출발하여 러시아 블라디보스토크Vladivostok에 도착한 것으로 기술하였다. 그는 류인석의 망명 일시

---

4) 원영환, 「의암 류인석과 김두성 연구」, 『의암학연구』 9, (사)의암학회, 2012.
   : 원영환, 「의암 유선생 약사」, 『의암학연구』 7, 2009.
5) 류인석은 류산림柳山林으로, 안중근은 안응칠安應七로 기록되어 있다.(조창용 · 독립기념관 한국독립운동사연구소 편역, 『백농실기』, 독립기념관 한국독립운동사연구소, 1993, 131~132쪽) 이하 저자는 조창용으로 약기한다.
6) 박민영, 「류인석의 의병통합 노력과 안중근의 하얼빈 의거」, 『의암학연구』 7.

에 대해 몇 가지 이설異設을 주장하면서도 이정규의 6월 출행에 근거를 두었다. 망명의 목적은 의병을 지원하는 것에 두어 적극적인 창의와는 견해 차이를 나타냈다. '북계'에 의한 류인석의 의병전략은 타당하다고 강조했다.7)

　유한철의 연구 역시 연해주 망명시기를 구체적으로 날짜는 물론 차편, 배편까지를 명시한 점과 이정규가 류인석을 직접 배웅했다는 자세한 기록을 신뢰하여 『종의록』에 따랐다. 연해주의병에서의 역할도 적극적 참여는 아니다. 독립운동사료에 대한 견해는 류인석의 신병을 감안하여 부정확한 보고서로 가볍게 취급하였다. 단지 일제 수사기관이 의병장으로서 류인석의 행적을 보고하고 있었다는 것에 대해 그가 의병활동에 일정하게 관련하고 있었음을 시사하는 정도로 다루었다.8)

　여러 연구에서 류인석의 망명 시기는 대개 1908년 음력 2월에서 가을까지이다. 연해주의병에 대한 역할은 단순히 성금을 보냈다든가 다른 방법으로 지원했다는 기록이다. 더욱 그가 망명 전에 연해주의병을 창의했다거나, 적극적으로 모병한 일과 모금한 사실을 찾기는 어렵다. 다시 말하면 모든 연구에서 대체적으로 류인석은 1908년 6월 말경 연해주의병 창의 후 가을쯤 처음으로 연해주에 가서 의병활동에 소극적으로 관여한 것으로 밝히고 있다. 김두성의 실체에 대해서는 논리적으로 확실한 근거를 밝히지 않았다.

---

7) 이상근, 「연해주에서 한인사회 형성과 의암 류인석의 활동」, 『의암학연구』 1, 2002: 이상근, 「류인석 의병진의 북상과 항일투쟁」, 『의암학연구』 5, 2008.
8) 유한철, 「류인석 의병 연구」, 박사학위논문, 국민대학교, 1997.

2) 새로운 연구의 방향

선행연구와 새로운 연구의 차이는 자료의 활용방법에 있다. 선행연구에서 소홀히 취급하거나 간과한 독립운동사료 중 특정자료로 선택한 표본자료의 사실적 가치를 먼저 검증하였다. 그 결과 사실적 가치가 있는 자료라고 판정하고 중요자료로 활용한 새로운 연구방향에서 우선 차별성이 드러난다. 다음, 문집은 자료로서 이용에 한계가 있음을 밝혔다. 선행연구는 문집이 간행된 과정의 환경을 감안해야 하는 필수적인 고려사항을 간과하였다. 즉, 문집에는 연해주의병 창의와 관련한 독립운동사료의 기록들이 누락되었다는 사실이다. 이 두 요인을 염두에 둔 연구가 이 논문의 방향이다.

(1) 특정자료의 합리적 활용방안

특정자료란 독립운동사료와 문집의 일부 자료이며, 여기에서 선정한 표본자료와 표본기간標本期間을 검증하였다. 전자의 경우 연해주의병 창의와 관련 있는 일제 수사기관의 '1908년 8월 함경도 정보-헌기 432호憲機 432호'를 표본자료로 선정하여 사실적 가치가 있는 자료인가를 검증하였다. 이 기사는 류인석의 연해주의병 창의와 관련 있는 핵심적인 기록이다. 후자의 경우 연해주의병 창의과정에 속하는 '1908년 4~7월음력 3-6월'을 표본기간으로 선정하여 기록에 누락이 있는가를 검증하였다. 연해주의병 창의계획과 창의가 이루어진 4개월이다.

이 검증이 필요한 이유는, 독립운동사료의 경우 선행연구자들이 독립운동사료를 일제의 수사・첩보에 불과한 부정확한 자료로 보거나 의병진에 대한 동향파악의 보조적 자료로 활용하는 정도로 취급한 편견에서 찾아진다. 그러나 이 연구에서 표본자료의 사실적 가치를 검증한 결과 기존의 관점과는 다르다. 일제 수사기관이 집요하게 의병을 추적하거나 혹독한 고문으로 확보한 근거들은 사실의 정보로 보기 때문이다. 간혹 과장된 기록도 있을 수 있지만 문집이나 종군일기 등에서 있을 수 있는 가감이나 윤색이 더 적은 자료이다.

문집은 류인석 연구에서 가장 중요하다. 그러나 문집이 간행된 때의 환경을 감안한 활용이 더욱 중요한 과제이다. 문집은 1915년 류인석의 사후 2년인 1917년 이미 일제의 세력이 지배한 만주 회인현懷仁縣에서 문인들이 유고遺稿를 모아 편집하여 간행하였다. 처음 간행본이 일제 수사기관에 압수되어 불태워지는 역경을 겪었음으로 일제가 꺼리는 자료를 스스로 뺏거나 강제로 삭제당한 경우를 감안하지 않을 수 없다. 기록의 누락을 고려하여 자료로서 가치를 재평가한 뒤의 활용이다.

가. 독립운동사료의 신빙성 검증

이 연구에서 중요자료로 삼은 독립운동사료의 「의병편義兵編」은 일제 조선통감부 경무국이 편집한 「폭도暴徒에 관한 편책編冊」을 번역하여 편찬한 것이다. 서문에서 "「폭도에 관한 편책」은 어떤 의병 자료보다 방대하고 치밀하여 의병사 연구에서 중요한 자료이다. 그러나 의병과 전투를 한 일본인에 의한 일본 측의 자료라는 한계성을 감안해야 될 것으로 믿는다"라는 단서를 달아 한계성을 감안하여 활용하도록 권장하였다.9) 편자가 지적한 한계성을 극복하는 방안으로 표본자료가 사실적 가치가 있다고 확인한 연후에 자료로 활용하였다.

독립운동사료의 사실적 가치를 규명하는 목적은 우선 혹시라도 있을 수 있는 서문의 한계성을 극복하기 위해서이다. 아울러 전체 독립운동사료가 대체적으로 신빙성 있는 자료임을 유추 해석하고자 의도하는 목적이다. 다시 말하면, 모든 독립운동사료를 표본의 검증만으로 옳다고 보기는 물론 어렵다. 그러나 표본자료의 사실성이 검증됨으로써 전체 독립운동사료의 편집 방향과 특징이 대체적으로 사실을 기록하려고 의도했음을 믿을 수 있을 것이다.

표본자료로 선정한 독립운동사료의 '1908년 8월 함경도 정보-헌기 432호'이다.

폭도 거괴暴徒 巨魁 류인석柳麟錫 급及 이범윤李範允의 부하가 되어 기 재무관其 財務官으로 목하目下 활동 중이라고 하는 김석영金奭永이라는 자의 소식에 대하여 문지聞知한 요령要領은 좌左와 여如하다.

일一. 류인석柳麟錫은 본년 사월 경 만주 길림성吉林省에 있어서 마적馬賊을 모집 중募集 中이던 바 동월 중 이범윤李範允을 해삼위海蔘威 포염浦鹽로 방문 대거大擧할 약속約束을 결結하고 길림성으로 돌아와 성盛히 마적을 소집召集 당

9) 국편, 「서문」, 『독립운동사료』 8-의병편1, 1쪽.

시 거渠의 자제 급 부하子弟 及 部下이었던 약 오 육천 명
의 다수에 달하고 항상 이범윤과 교통하고 있었으나
본년 유월 하순경 이범윤에 가려고 길림성을 출발하
였다고 하나 기其 후後 거渠의 소식은 불명이라고 한다.

　일一. 김석영金頭永은 원 외부주사元 外部主事로 … 한국유의
韓國有意의 사士로서 … 금회今回 이범윤 등이 사事를 거擧하
자 직시直時 이범윤을 방문場所場所 불명不明 … 기 부하其 部下
가 되어 재무관財務官으로 무기 매수 급 군량 등武器 買收
及 軍糧 等의 직직職에 당當하고 또 자기에게 있었던 유지
자有志者라고 하는 배輩 팔 구명도 같이 이李의 부하가
되게 하고 해삼위海蔘威 급及 북간도北間島에서 크게 활동
하고 있다고 한다.10)

　위 인용문에서 먼저 가장 중요하게 논증해 볼 관점은 과연 류
인석이 1908년 4월 연해주에 갔느냐와 함께 역시 6월 하순경 연
해주에 갔던 것이 사실인가이다. 다음 그가 4월과 6월 두 시기 연
해주에 실재했다면 어떤 일을 위해서 그 곳에 갔느냐에 대한 분
석이다. 이 두 중요한 관점을 염두에 두고 위 기사의 사실성을 분
석한다.

가) 독립운동사료와 다른 자료를 통한 사실성 검증

---

10) 국편, 「1908.8 함경도 정보-헌기憲機 432」, 『독립운동사료』11-의병편4,
　　1983, 595~596쪽. '거渠'는 '그 사람'이라는 뜻이다. 사건에 관한 기록은 이
　　하 「사건 내용」, 즉 「헌기 432」등'으로 간략하게 표기한다.

이 표본자료의 검증결과가 사실이라고 입증되면, 류인석이 1908년 4월 블라디보스토크에 건너가 이범윤과 만나 연해주의병의 창의계획을 결의한 사실이 확인된다. 1908년 4~7월음력 3~6월은 문집에서 이 연구의 표본기간이며 이 기간에 표본자료의 사건이 발생했다. 문집은 음력을 기준으로 한 반면 독립운동사료는 양력을 기준으로 하였다. 대개 음력보다 양력이 한 달 앞서 가며 구체적으로 설명하면 다음과 같다.

앞으로 연구에 혼란을 없애기 위해 음력과 양력의 차이를 풀이하는 것은 중요하다. 4~7월의 분석이다. 1908년 음력 3월과 양력 4월은 일자가 같다. 음력 4월 2일이 양력 5월 1일임으로 음력 4월은 양력보다 한 달 늦은 월차로 하루가 빠르다. 음력 5월 3일이 양력 6월 1일로서 음력 5월은 양력보다 한 달 늦은 월차로 이틀 빨리 간다. 음력 6월 3일이 양력 7월 1일로서 역시 음력이 한 달 늦은 월차로 이틀 빨리 간다.

따라서 월이 다른 2일 이내 차이로 1908년 4~7월음력 3~6월은 한 달 빠른 양력으로 간주해도 큰 착오가 없음을 알 수 있다. 즉, 음력과 양력이 한 달 차이로 같이 가는 음력 3월과 양력 4월은 예외로 하더라도, 그 외 음력 4월은 양력 5월로, 음력 5월은 양력 6월로, 음력 6월은 양력 7월로 표기해도 무방할 것이다. 이하 음력일 경우 '음력'임을 나타내고 양력의 경우는 '양력' 표기를 생략하는 표기방법을 원칙으로 하였다.

연해주의병의 블라디보스토크 모의일자를 나타내는 '4월 중'에 회합이 가능한 시점은 '4월 말경'으로 추정된다. 먼저 그 근거를 살펴본다. 뒤의 논증에서 문집의 한식날 밤에 지은 한시를 분석한 결과로 류인석이 4월 6일경음력 3월 6일경 통진을 출발하여 연해주로 떠났을 것이라는 추정에 따를 때 그의 연해주 도착은 4월 말경이 된다.11) 또 독립운동사료에서 5월 중 개천价川을 경유했다면 4월 말~5월 초경 연해주를 떠나야 가능하다. 그리고 문집의 음력 4월 말경5월 말경 부평 도착을 참작할 때도12) 역시 4월 말~5월 초경에 연해주를 떠나야 일정이 맞는다.

이해를 돕기 위해 옛 문헌에 표기된 거리를 참고하여 거리에 대해 소요일수를 가늠해 본다. 개천~서울은 721리이다. 경원慶源~개천은 그 거리의 2배가 약간 넘는다. 따라서 4월 말~5월 초 블라디보스토크 또는 길림성을 떠났다면 개천 경유는 5월 중순으로 추정된다. 부평에 5월 말에 도착하려면 대략 700리 거리인 개천에서 10일 이내의 일정이다.13) 이때 거리의 환산이 4km가 10리인 현재 기준인지에 대해서는 확실하지 않지만 비슷한 거리로 간주하였다.

또 '항상 이범윤과 교통하고 있었으나'의 기사로 보아 상시 두 사람은 창의에 대하여 서로 멀리 떨어져 있으면서도 교감을 가지고 있었음이 확실하다. 그 의미는 류인석이 이범윤과 블라디보스

---

11) 3장의 일정계획에 따른 경로관리를 참고할 때 통진에서 블라디보스토크까지 는 한 달 가까운 일정이다.
12) 류인석/독립기념관 편역, 「연보」, 『국역 의암집』인, 제천문화원, 2009, 1908년 2월조, 817쪽. 저서명 『의암집』권차로 표기한다. 사건이 발생한 때는 편의상 '몇 월조(또는 일조, 봄조 등)'로 기재한다. 이하 류인석 저·독립기념관 편역은 '류인석'으로 약기한다.
13) 이긍익·민족문화추진회 편, 「지리전고」, 『연려실기술』, 별집 제16권, 민족문화추진회, 1966, 266쪽. 이하 이긍익으로 줄여 쓴다.

토크 회동에서 창의할 것을 결의한 뒤 국내에 돌아와서 창의를 계속 준비하고 있었다는 근거이다. 그 후 창의를 위해 6월 말 다시 연해주에 가서 이범윤을 만났다. 이때에 즈음하여 연해주의병을 창의하였다.

(가) 같은 시기에 발생한 사건들을 교차 검증

먼저 "류인석이 1908년 4월 말경 길림성에서 블라디보스토크에 건너가 이범윤을 만나 연해주의병 창의계획 모임에 동참한 사실이 있는 가." 헌기 432호 내용과 독립운동사료에 실린 다른 기사인 안중근의 옥중 진술供述 2회, 그리고 문집의 통진通津을 떠나기 전 한식날 밤에 자작한 시구의 내용에서 여러 조건이 같은가를 검증한다. 즉, 세 자료를 교차 검증하여 조건의 일치를 밝혀냄으로써 '헌기 432호'의 사실성을 규명한다.

안중근이 1909년 10월 26일 하얼빈의거 직후 11월 27일 일제 헌병대가 공범자를 찾아내기 위한 신문訊問 供述2회에서 진술한 독립운동사료의 내용이다

> 류인석은 작년 봄 블라디보스토크에서 만났다. 류柳
> 는 그 때 십오세 가량의 남자를 데리고 있었다. 금일
> 의 국가형세國家形勢에 대해 선생의 가르침을 받겠다고
> 말했더니 "어떻게든 애국하여 주지 않으면 안 된다"
> 고 말했을 뿐 많이는 말하지 않았다.14)

---

14) 국편, 「경 경시의 심문에 대한 안응칠의 공술供述 2회-1909.11.27」, 『독립운

표본자료인 '헌기 432호'와 이 글을 연결해 본다. 또 문집의 한시 시구에 있는 소남小男을 데려갔다는 내용과15) 비교한 검증이다. 먼저 표본자료에서 4월 말경 류인석이 이범윤과 만나 창의계획을 합의했다. 이 기록과 비교할 때 1909년 11월 안중근의 진술에서 류인석을 만난 때가 1908년 봄이라고 말한 것은 1908년 4월 말경 창의계획 회동과 일치하는 시기이다. 4월 말경은 봄 계절에 속하기 때문이다. 두 독립운동사료에서 같은 때로 볼 수 있는 '4월 말경과 봄'에 류인석과 이범윤이 만난 사실이 확인되었다. 문집에서도 류인석이 4월 6일경 북행길에 올랐음으로 연해주 도착은 4월 말경으로 추정된다.

또 독립운동사료의 기록인 안중근의 진술에서 15세가량 남자를 데리고 온 류인석과 문집에서 소남小男을 동반하고 길을 떠난 류인석과는 '15세가량 남자와 소남'을 같은 동자로 볼 때 같은 류인석이다. '4월 말경과 봄', '15세 남자와 소남', '4월 말경과 4월 6일 북행에 따라 4월 말경 연해주 도착'으로 두 독립운동사료와 문집의 내용에서 류인석이 나타난 때와 동자를 동반한 조건이 일치한다.

다시 말하면, 세 자료를 교차 검증한 결과는 1908년 4월 말경으로 회동한 시기가 같다. 또 류인석이 비슷한 나이의 남자를 동반했다는 조건이 일치한다면 그가 1908년 4월 말경 길림성을 출발해서 블라디보스토크에 건너가 이범윤을 만나 창의계획을 결의

동사료』 7-안중근편2, 1978, 402쪽. 이하 '「공술」회차'로 줄여 표기한다.

15) 류인석, 「권2 시」, 『의암집』 천, 171쪽. 渴睡小男猶守側갈수소남유수측, 소남은 작은 아들이란 뜻이다.

하는 회합에 함께 했다는 일제 수사기관의 보고는 충분히 신빙성
있는 자료이다. 일제가 마적이라고 비하하여 지칭한 집단이 의병
부대라는 추리는 논의의 필요가 없을 것이다.

다음, "류인석은 1908년 6월 말 이범윤을 만나기 위해 떠났다"
라는 기록에 대한 분석이다. 류인석이 연해주의병을 창의한 6월
말경 이범윤을 만난 것은 창의계획의 두 주역으로서 창의를 위한
회동이다. 국내에서 바쁜 일정의 류인석이 의병창의 모임에 빈객
으로 참석하기 위해 연해주까지 가지는 않았을 것이다. 6월 말경
연해주의병이 창의하고 7월 초 안중근이 이끄는 의병부대가 두만
강을 건너 대일항전을 시작했다는 아래 기록을 살펴본다. 과연 연
해주의병의 창의시기가 6월 하순경인가.

**독립운동사료의 '1909년 12월 6일 안중근의 9회 공판 진술'이
다.**

> 내가 의병으로서 실전에 종사한 것은 작년 음 6월
> 5일경 시치노의 엄인섭嚴仁燮 시치노는 연추燃秋에서 아지미 방면으로 사
> 십한리四十韓里에 있다. 이 촌에서 원元 이범윤 李範允의 부장이었
> 던 전 경무관 전제익全濟益을 대장으로 하고 엄인섭은
> 좌군영장左軍領將 나는 우군영장右軍領將이 되어 의병 50
> 여 명을 이끌고 시치노를 출발하여 경흥부慶興府 혼쯔
> 코를두만강 안岸로 출병하여 동 방면에 교통으로 온 일병
> 4명을 저격하여 이를 죽인 것은 무릇 7·8일경이
> 다.16)

작년 음 6월 5일은 1908년 7월 3일이다. 7월 3일에 국내에 진
공할 의병부대가 편성되었다면 창의는 6월 말경이다. 더 정확히
창의일정을 설명하면 6월 하순이거나 늦어도 7월 3일 이전으로
볼 때 6월 말~7월 초에 창의하였음으로 6월 말경으로 창의일자
를 추정하는 것은 합리적이다. 즉, 창의의 큰 사업이 이루어진 뒤
50여 명의 진공 부대가 편성되었을 것임으로 6월 늦은 하순에서
7월 3일 이전인 6월 말경에 창의가 이루어졌다.

   안중근의 자서전에서도 연해주의병은 6월에 국내로 진공했다.

      우리는 의병과 군기 등을 비밀히 수송하여 두만강
      豆滿江 근처에서 모인 다음 큰일을 모의하였다. 그 때
      여러 장교들을 거느리고 부대를 나누어 출발하여 두
      만강을 건너니 때는 6월이었다.17)

   두만강을 건넌 때가 1908년 음력 6월이면 독립운동사료에서
안중근이 진술한 내용과 같이 7월에 국내로 진공했다. 그의 자서
전은 여순 감옥에서 죽음을 앞둔 천주교 신자로서 본인의 일생을
가식 없이 정리한 것으로 대체로 거짓이 없다는 평가이다.18) 표
본자료에서 6월 말경 이범윤을 만나러 갔다는 기사가 창의를 위
한 출행이라는 사실을 독립운동사료의 9회 공판 진술에 의해서,
또 자서전을 통해서 거듭 확인할 수 있다.

---

16) 국편, 「공술」9, 『독립운동사료』7-안중근편2, 434~435쪽.
17) 안중근, 『안중근 의사 자서전』, 범우사, 2012, 74쪽.
18) 황재문, 『안중근 평전』, 한겨레출판, 2012, 10~19쪽.

의주경찰서장이 조선통감부의 장관대리 앞으로 보고한 자료 1908년 7월 22~25일자 『통감부문서』 5권의 '폭도 건-기밀통발 940호' 등을 살펴본다.19) 보고 일자를 참작할 때 류인석의 활동 시기는 7월 중순이다. 6월 말경 연추를 떠났을 경우 7월 중순에 초산楚山 도착이 가능하다. 또한 류인석이 평안북도 초산에서 모병을 지휘했다면 연해주의병 창의 후 국내에 들어온 것임으로 7월 중순 초산 방문은 6월 말경 창의를 간접적으로 확인해주는 자료이다.

그 후의 이동경로를 문집을 통해 살펴본다. '哭申在鳳곡신재봉'이 음력 5월과 7월 중간 기사임으로 그 시기는 음력 6월로 추리되며 '기밀통발 940호'의 7월 중순을 참작할 때 늦은 음력 6월 하순7월하순으로 추리된다. 그 근거는 압록강 연변인 초산에서 7월 중순에 의병활동을 했다면 황해도 평산平山까지의 이동거리와 시간을 감안할 때 10여일 정도가 소요될 것이기 때문에 7월 말에 가까운 7월 하순이다.

이 때 류인석의 이동경로는 '6월 말경 연해주의병 창의 참여~7월 중순 평안북도 초산에서 모병활동~7월 말경음력 6월 말경 황해도 평산의 신재봉 조문~7월 말에서 8월 초 입경'으로 일정과 경로가 합리적이다. 1908년 6월 말경 류인석이 연해주의병의 창의에 직접 참여를 기록한 '헌기 432호' 기사가 사실이라는 증거가 확인되었다.

---

19) 국편, 「1908.7.25 폭도 건-기밀통발機密統發 940」, 『통감부문서』 5, 1999, 152쪽 외.

(나) 발생 시기가 다른 사건들의 비교 검증

독립운동사료의 '1908년 12월 일제 헌병대 개천분견소의 정보_{헌기 1079호}'이다.

> 차병률_{車炳律}은 8월 20일경 류인석_{柳麟錫}을 종_從하여 현희술_{玄熙述}, 길봉주_{吉鳳珠}와 공_共히 경성을 출발하여 원산으로 부_赴하였을 시_時 류인석으로부터 명령을 수_受하고 헤어졌던 바 아직 적도_{賊徒}의 모집 군자금 징집의 목적을 이루지 못하였으므로 크게 부끄러워 기시 부_{其時 赴}치 못하였던 것이다. …
>
> 차병률의 언릉에 거_據하면 류인석은 노국_{露國} 수정_{水晶} 개척지에서 부하 3,000명을 모집하고 기중 충청도 약 800명 강원도 600명 함경도 1,600명이 빈번히 교련을 하고 있다. 차_此 사실은 차병률이 받은 서면에 기재되어 있었다고 한다.
>
> 류인석의 부하 김석영_{金錫永 수정에 있다}은 노국인 모_某와 가만히 통하여 목하_{目下} 총 3,000 탄약 1정_挺에 대하여 300발 급 노_露의 군복 200개를 노국으로부터 매입을 하고 착착 준비에 노력하고 있다.
>
> 아_我 헌병에게 체포당한 것은 실로 류인석에게 불충_{不忠}하였음과 또 대망을 누설하지 아니치 못하기에 지_至하였음은 할복_{割腹} 외에 없다고 탄식하고 있었다.20)

이 기사는 표본자료에 비하여 4개월 뒤의 보고 기록이다. 류인석의 문인이며 부하 의병인 차병률은 충청북도 제천魏川 사람이다. 류인석의 명령에 따라 평안남도 개천에서 모병募兵・모금募金 활동 중 일제 헌병대에 체포되었다. 그는 고문에 견디지 못하여 연해주 의병의 상황을 토설한 듯하다. 이 토설을 류인석에 불충으로 자책하여 할복할 뜻까지 생각한 것과 토설내용이 류인석을 통하여 서면으로 알게 된 내용이라면 연해주의병의 내부사실이다.

이 기사 중 "류인석의 부하 김석영이 러시아 사람과 몰래 러시아 군의 탄약과 러시아제 군복을 매입 하는 협상과정에 있다"는 내용을 검토한다. 이 기사의 김석영金暎永 김석영金錫永은 동일인은 4개월 전 표본자료에서도 '무기의 매수와 군량 등의 일을 맡아'라고 하여 동일한 직책을 담당하고 있다. 김석영과 일면식도 없을 뿐만 아니라 연해주에 간 일이 없는 차병률의 토설이 4개월 전 일제 수사기관이 입수한 정보 '헌기 432호'와 같다는 것은 4개월 전 자료가 사실임을 입증한다.

한 편 류인석은 연해주의병 창의모의 후 귀국길에 5월 중순 개천에서 모병・모금 활동을 전개했다. 이와 관련지어 볼 때 3개월 후 지인・문인을 통해 이 두 사업의 결실을 얻기 위해 직접 가르친 믿을만한 문인이며 휘하 의병인 차병률을 개천에 보냈으나 그가 목적에 실패했다. 이는 간접적으로 류인석의 개천에서 모병・모금 활동을 증거 하는 것이며 또한 차병률의 개천에서 활동도

---

20) 국편, 「1908.12 평안도-평안남도 개천 분견소장 내보-헌기 1079」, 『독립운동사료』 12-의병편5, 1983, 627~628쪽.

입증하는 자료이다.

(다) 기사의 내용을 분석한 결과의 사실성

먼저, 기사 '헌기 432호'는 1908년 8월 일제 수사기관의 정보이다. 류인석이 처음으로 연해주로 망명한 때를 1908년 8월 말~9월초로 추정하는 선행연구를 살펴보아 자료의 사실성을 확인한다. 이 경우 기사에서 발설의 시기가 8월 이전이라면 아직 국내에서 의병을 지휘하고 있었던 류인석을 미리 거론한 것이 된다.

다시 말하면, 선행연구에서 류인석의 연해주 망명 시기는 8월 말~9월 초순이다. 또 원산元山 기착이 8월 20일이라는 '헌기 1079호'를 감안할 때도 연해주 도착은 8월 말~9월 초경이 합리적이다. 문집을 따르더라도 블라디보스토크에서 9월 10일 추석절을 보냈다는 기사로도 8월 말~9월 초순 러시아 입경은 옳은 추측이다. 또한 문집의 기록을 참조해서 8월 10일경 서울을 떠난 경우를 상정해도 러시아에 들어간 때는 8월 말~9월 초순이 맞다. '헌기 432호'의 1908년 8월 정보는 류인석의 망명 전 최소한 8월 이전에 수집된 정보를 보고한 기사이다. 그 의미를 역설적으로 해석하면 1908년 4월 말경 창의계획과 6월 말경 창의의 주역으로 류인석의 연해주의병 참여를 이미 인정한 내용이다.

즉, 선행연구에서처럼 류인석이 처음으로 1908년 8월 말~9월 초 연해주에 망명했다면 8월 이전에 김석영은 류인석을 알 지 못한다. 미래를 꿰뚫어보는 점술가가 아닌 김석영이 후에 도착할 예정인 전혀 알지도 못하는 류인석을 미리 예측하여 연해주의병 창의대장으로 말할 수는 없다. 김석영이 퍼뜨린 소문으로 보아 류인석은 8월 이전 어느 때 이미 연해주에서 의병 활동한 경력이 있었다는 증거이다. 따라서 '헌기 432호'에 기록한 류인석의 4월 창의계획과 6월 하순경 창의 참여는 사실에 근거한 것이다.

류인석이 서울을 떠난 시기는 음력 7월로 문집에 기록되어 있다. 원산에 중간 기착이 8월 20일경이면 부산 동래에서 항해일자가 10일 이내로 추정됨으로 8월 10일경 출발로 음력 7월 14일경이다. 이 선편이 중간 기착한 곳이 어디인지를 알 수 없으나 원산 기착은 몇 군데 중간 기착을 암시한다. 따라서 원산 북쪽의 몇 항구인 청진淸津 등을 들렸을 가능성을 고려할 때 빨라도 블라디보스토크 도착이 8월 말경이다.

9월 10일 추석날 그곳에 머물면서 지은 한시를 근거할 때 9월 초 도착이 8월 말경 보다는 더 합리적이다. 블라디보스토크에 도착 후 10일 이상 체류는 바쁜 의병장의 일정에서 가상하기 어렵기 때문이다. 다음 동래~원산과 원산~블라디보스토크 거리가 비슷하나 후자는 기착지가 더 많을 것으로 가상될 뿐만 아니라 러시아 선편이 아닌 일본 선편을 이용했음으로 타국 영내 항해와 타국 항구를 통한 입국임을 가상할 때 10일 이상의 일정으로 본 것이다.21)

다음, '김석영이라는 자의 소식에 대하여 문지한 요령'이란 말은 '김석영이 말한 것을 전해 듣고 알게 된 정보'라는 의미이다. 직접 김석영을 통해 들은 것이 아니라 그가 말했다는 내용이 제3

---

21) 류인석, 「연보」, 『의암집』인, 1908년 7월조, 817쪽: 이정규·이구영 편역, 「종의록」, 『호서의병사적』, 제천군문화원, 1994, 187쪽. 이하 저자는 이정규로, 저서명은 하나의 책으로 보아 『종의록』으로 표기하였다.

자를 통해 일제 수사기관에 전해진 정보다. '헌기 432호'의 내용 하나하나를 주의 깊게 분석할 때 이 기사가 사실인 연해주의병진의 내부문서로서 김석영이 누구인가에게 발설한 것이 일제 수사기관에 입수되었다는 추리가 가능하다.

가정이지만 이 내부 계획이 김석영이 맡은 직책의 특성상 무기구입 과정에서 러시아 무기상에게 전해지고 다시 일제 수사기관에 입수되었을 가능성이다. 러일전쟁에서 러시아의 패전 직후임으로 러시아인의 일본에 대한 적대감에 비해 한국에 대한 감정은 동병상련同病相憐으로 우호적이었다.22) 무기매매 과정에서 중요하게 논의될 여러 사항 중 구입무기의 종류, 목적, 용도, 필요시기, 구매량과 가격, 인도시기와 지불조건 등은 필수적이다.

특히 합법적이 아닌 패전 러시아군과의 위험한 무기거래는 쌍방의 신뢰를 필요로 하며 서로 믿는 입장에서 필수조건을 논의하는 과정에 최소한 내부사정의 대화는 필연적이며, 이때 정보가 유출된 것으로 여겨진다. 승전국인 일제는 러시아에 회유와 강압 등 여러 방법으로 쉽게 김석영이 발설한 연해주의병진의 내부계획을 주요정보로 취득할 수 있다. '김석영이란 자의 소식에 대하여 문지한 요령'이란 기사가 내포하고 있는 뜻에 부합한다. 일제의 강압이 아닌 회유에 의해 변절하여 사실 정보를 발설했을 가능성은 희박하다.

이미 자료의 검증으로 류인석이 1908년 4월 말경 블라디보스토크에 가서 이범윤을 만나 연해주의병 창의를 합의한 사실을 밝

---

22) 황재문, 앞의 책, 239쪽.

했다. 또 6월 말경 류인석과 이범윤이 주도한 연해주의병의 창의
가 역시 여러 자료의 검증에 의해 이미 입증되었다. 그렇다면 적
에게 노출되어 화가 미칠 것을 알면서도 의병장들의 창의 활동을
고의적으로 알릴 수는 없는 것이다. 여기서 김석영이 실수로 내부
계획을 유출했다는 정황이며, 유출된 내용은 의병진의 실상이다.

그때 김석영이 맡고 있는 연해주의병진에서의 직책인 무기구입
과 군량조달의 군수와 이에 따른 재무 업무에 대해 관찰해 본다.
그 일은 신임 받는 핵심 인사만이 담당할 수 있는 가장 중요한 일
이다. 일제 수사기관에게 가장 먼저 살해의 표적이 될 업무를 맡
고 있는 당사자가 무기구매와 군량조달을 맡았다고 스스로 고백
하여 죽을 자리를 자초하는 사람은 있을 수 없다. 독립운동사료의
기록을 관찰해 볼 때 그 중요 업무를 최소한 4개월 이상 수행하
고 있었다. 여러 사정을 참작할 때 고의가 아닌 실수로 의병 내부
의 실상인 기밀이 일제 수사기관에 유출되어 그들의 정보가 되었
다는 해석이다.

또 김석영은 연해주의병 창의계획을 듣고 창의의 주역인 이범
윤을 직접 찾아가서 오랫동안 마음에 품어왔던 국가에 헌신할 뜻
을 맹서하고 그의 부하가 되었다. 더구나 함께 창의한 창의대장
류인석은 김석영의 스승 박문일朴文一 1822~1894과는 이항로李恒老
1792~1868 문하에서 함께 동문수학한 말하자면 동기동창이다.23) 따
라서 김석영은 스승이나 다름없는 류인석과의 의리를 저버릴 수
없다. 또 동지 8~9인을 이범윤에게 소개하여 의병진에 가입시켰

---

23) 국편, 「김석영」, 『한국근현대인물자료』, 한국사데이터베이스.

다. 그들은 그때 이범윤의 부하가 되어 블라디보스토크나 북간도北
間島에서 활약하고 있었다.

그러면 스승과 같은 류인석이나, 몸을 자청하여 의탁한 이범윤
은 물론, 또 그때 의병진에서 활약 중인 8~9명 동지들의 안위를
생각할 때 고의로 발설한 것은 물론 아니다. 더구나 무기매입과
군량조달의 책임자로서 연해주의병에서 일제 수사기관이 꺼리는
가장 위험한 직책을 가진 김석영 자신의 안위를 위한다면 자신을
비롯한 모두를 위험에 빠뜨리면서 이런 정보를 고의로 유출하여
스스로 노출시킬 수 는 없다. 따라서 이 기사는 사실의 기밀이 본
의가 아닌 실수에 의해 유출된 정보임이 확실하다. '헌기 432호'
가 사실의 자료임이 다시 입증되었다.

또 헌기 432호 외의 독립운동사료를 사실적인 자료로 인정하는
조건에서 다음과 같이 1908년 8월 이전에 이미 류인석이 연해주
의병 창의에 참여하고 창의대장에 오른 것이 입증된다. 뒤에 자세
히 설명한 독립운동사료 1908년 8월 일제의 함경도 정보 '헌기
450호'와 평안도 정보인 '헌기 441호'의 기사내용을 주의 깊게
검토할 때 이미 류인석이 연해주에 망명한 8월 말~9월 초순경
이전에 그는 연해주의병을 창의하고 창의대장에 올랐음을 말하고
있다. 위 두 독립운동사료는 같은 때이나 정보수집 기관이 함경도
와 평안도로 서로 다르다. 이 다른 정보기관이 똑 같이 류인석과
이범윤의 창의 사실을 보고한 것으로 참작할 때 사실의 사건임을
설명하는 것이다.

그리고 이 경우 '헌기 432호'의 분석에서 독립운동사료가 자료

로서 신뢰성이 있음으로 이에 비정하면 다른 독립운동사료들도 가치가 있다는 믿음이다. 또한 독립운동사료의 편찬자의 견해도 그 자료들의 가치를 인정했기 때문에 독립운동사료에 대한 신빙성은 충분하다 할 것이다. 일제 수사기관이 여러 정보에서 류인석의 1908년 8월 이전 연해주에 실재를 인정한 것이다. 이는 그의 1908년 6월 하순경 창의와 창의대장에 추대된 사실을 묵시적으로 확인해준 사례이다.

(라) 김석영의 인물적 특성에 의한 사실성 가정

김석영은 사마시司馬試에 급제하고 진사가 되었다.24) 러시아에 유학하여 러시아어에 통하고,25) 총영사의 직책으로 또 1905년 외부주사를 지낸 대한제국의 관리였다.26) 인의예지仁義禮智와 충효忠孝를 우선하는 전통학문에 통달했을 뿐만 아니라 신학문을 섭렵하여 세상의 돌아가는 상황을 깨달았다. 을사늑약의 체결과정에서 외부대신 박제순朴齊純 1858~1916의 명령에 좇아 직접 인신印信을 지참했던 역할로 나라가 망해가는 과정의 비운을 직접 목격한 아픔을 겪기도 하였다.27)

이때 연해주에 망명하여 의병진에서 재무관으로 무기구입과 군량조달 등을 계속 담당하였다. 이 정도의 경륜을 가지고 또 국망國

---

24) 국편, 「김석영」, 『한국근현대인물자료』, 한국사데이터베이스 : 한국학중앙연구원, 「사마방목-1891 신묘식년 진사시」, 『국조방목』: 장삼현, 『화서연원 독립운동 인맥도』, (사)화서학회, 2014.
25) 국편, 「김석영」, 『한국근현대인물자료』. 한국사데이터베이스.
26) 『고종실록』 46권, 42년(1905 을사/대한 광무 9년) 7월 14(양력).
27) 국편, 「경란록經亂錄-을사년1905」, 『동학농민혁명자료총서』 2권, 한국사데이터베이스.

亡의 아픈 경험을 겪었다면 애국심과 의협심이 확실하고 충분히 양심적인 인물이다. 또 의병진 내부의 사정에도 정통할 만하다. 이와 같이 내부정보를 확실하게 알고 있는 사람이 실수로 유출한 소문이면 내부의 사실인 정보이다.

나. 『의암집』의 자료 누락 가능성 검증

표본기간으로 선정한 '1908년 4~7월음력 3~6월'이 포함된 문집의 기록이다.

> 戊申 先生六十七歲 正月 與諸陣別紙무신 선생육십칠세 정월 여제
> 진별지 … 言東南諸陣 宜往西北 定根據於白頭山附近 茂
> 山三水甲山等地 連結淸俄舊境 待機而切不可涉危入城
> 之意언동남제진 의왕서북 정근거어백두산부근 무산삼수갑산등지 연결청아구경 대기이
> 절불가섭위입성지의 ….28)
> 哭尹邦燮곡윤방섭.
> 二月 移留富平鵲村 後移通津 四月復還富平 五月還入
> 京城이월 이류부평작촌 후이통진 사월부환부평 오월환입경성.
> 哭申在鳳곡신재봉
> 七月 發入俄地 留海蔘港칠월 발입아지 유해삼항 … 是行先後從
> 者시행선후종자 ….29)

---

28) 류인석, 「연보」, 『의암집』 곤, 무신 정월조, 725쪽. 무신은 1908년이다.
29) 류인석, 「연보」, 『의암집』 곤, 무신 7월조, 726쪽.

(무신 선생 67세, 1월 의병진지에 다음과 같은 편지를 보냈다. "동·남의 여러 의병진은 마땅히 서북쪽으로 가서 백두산 부근 무산·삼수·갑산 등지에 근거지를 정하고 청나라·러시아 옛 경계와 연결하며 기회를 엿보아야 한다. 절대 위험을 무릅쓰고 도성으로 들어가서는 안 된다." 윤양섭을 애도하였다. 2월 부평의 작촌으로 옮기고, 다시 통진으로 옮겼다가, 4월에 다시 부평으로 돌아오고, 5월에 서울경성京城로 돌아왔다. 신재봉을 애도하였다. 7월 서울을 출발하여 러시아 땅으로 들어가 블라디보스토크 항에서 머물렀다. … 러시아 행에 전후로 따라간 사람들을 적는다.)

『의암집毅菴集』

먼저 류인석이 여러 진지에 별지로서 통보한 동남에 주둔하고 있는 진지들을 서북의 백두산 근처 무산·삼수·갑산 등지로 옮길 것을 종용하는 내용을 풀이해 본다. 이때 함경도 부근에 많은 의병이 주둔하여 왜적과 결전할 준비를 하고 있었던 것으로 간주되며 그 의병진을 상대적으로 서북쪽인 백두산 부근으로 옮겨 연해주의병과 제휴하기를 기대한 것으로 해석된다. 실제 그때 함경북도에는 갑산 등을 중심으로 홍범도가 이끄는 주력 의병부대가 주둔하고 있었으며 이들 부대가 그때 일제와 결전할 국내의병의 중심이었던 것으로 판단된다. 그 근거는 우덕순의 회고에서 찾아진다.30)

내용 중 특히 관심을 가질 부분은 음력 4월에서 7월까지로 양력 5~8월에 해당하는 것으로 추정되는 "다시 통진으로 옮겼다가, 4월에 다시 부평으로 돌아오고, 5월에 서울로 돌아왔다. 신재봉在鳳 1861~1907을 애도하였다後移通津 四月復還富平 五月還入京城 哭申在鳳"이다. 대략 월수로 4개월에 대한 기사가 신재봉을 문상한 일 외에는 시기와 장소만을 기록하고 상세한 내용을 생략하였다. 밖에 내 보여선 안 되는 어떤 비밀스러운 일들이 이 때 이루어진 것으로 추리된다. 문집 전체를 통해서 이와 같이 여러 달을 하나로 묶어 기록한 부분은 이 곳 뿐이다.

위의 논증에서 표본자료로 삼은 독립운동사료 기사 '1908년 8월 함경도 정보-헌기 432호'는 사실적 가치가 있는 자료라는 근거를 여러 검증 방법으로 확인했다. 이와 같이 확실한 근거가 있

---

30) 황재문, 앞의 책, 202쪽.

다고 믿을 수 있는 독립운동사료의 류인석에 관련한 기록을 문집에서 발견할 수 없다면 분명히 문집에 기록하기 어려웠던 어떤 사정 때문에 누락시켰거나 삭제당한 것으로 해석해야 할 것이다.

'1908년 4~7월'이 포함된 문집에는 류인석의 행적이 누락되었거나 삭제 당했을 것으로 보이는 몇 부분이 발견된다. 이 부분에 대한 새로운 분석과 해석은 그가 연해주의병 창의에 관련하였다고 주장하는 이 연구에서 매우 중요하다. 문집이 류인석의 사후 2년만에 문인들이 그의 글을 모아 이미 일제 세력이 장악한 만주 회인현에서 편집했다면31) 사실을 숨겨야 하는 부분이 삭제 당했거나 스스로 누락시킬 수도 있다는 사실에 대해서는 이미 언급하였다.

문집에 연해주의병 창의관련 기록이 빠졌을 것이라고 추리하는 1908년 4~7월에 연해주의병진에는 중요한 여러 사건이 일어났다. 4월 말경에는 의병창의에 관한 계획이 비밀리에 진행되고, 이 창의계획이 6월 말경 실행에 옮겨졌으며, 7월 초부터 중순까지 국내진공을 감행하여 승패를 거듭하였다. 그렇다면 이 계획의 창안자인 류인석이 이와 같이 소극적으로 의병활동을 방관할 수 있을까에 대해 의구심을 가져야 하는 것은 당연하다.

문집에 연해주의병 창의과정의 상당한 부분이 실종되었을 것이라는 근거를 아래 두 기록에서 유추 해석한다.

먼저, 문집의 「연보」 1914년 9월조 후단이다.

---

31) 류인석, 「국역 의암집 편찬의미」, 『의암집』 천, 23쪽.

　　김기한金起漢이 류인석이 지은 『우주문답宇宙問答』·
『니봉고소초尼峯稿小抄』를 천진에 있을 때 800질을 인
쇄했는데 일본경찰이 조사하여 압수당하였다. 겨울에
백삼규白三圭·김기한·이현초李賢初가 다시 난천산暖泉山
에서 인쇄하여 선생이 돌아가신 뒤 김기한이 중국에
가서 배포하였다.32)

　　『우주문답』은 중국의 성현을 높여서 이것으로 천하 만대의
책략으로 삼고자한 류인석의 사상을 실었다. 『니봉고소초』는 평
소 그가 듣고 모은 중국의 귀중한 글을 편집한 책이다.33) 두 책
모두에 '존중화양이적尊中華攘夷狄'의 화이사상華夷思想이 담겨 있다. 일
제를 이적夷狄으로 본 류인석의 사상을 담은 이 책들을 왜적이 사
실대로 간행을 허용하기는 어려웠을 것이다. 류인석의 사상을 꺼
려 그가 지은 서책의 검열 통과가 어려웠다는 정황이 입증되는
자료이다.
　　다음은 문집이 어렵게 간행된 과정에 대한 기록이다.

　　문인이 비로소 유집遺集을 간행하였다. 장례를 지낼 때 이직신李直
愼, 백삼규가 박병강朴炳彊, 김두운金斗運의 의견에 따라 동문들과
상의하기를, "선생이 도의를 강론하고 의리를 밝힌 글들이 각지에
흩어져 있는데 이것을 수습하는 것이 시급하다. 이를 인쇄하여 널

─────────────
32) 류인석, 「연보」, 『의암집』 인, 1914년 9월조, 835쪽.
33) 류인석, 「연보」, 『의암집』 인, 1913년 2월조, 831쪽.

리 배포하는 것은 아직 겨를이 없으나, 우리 스승의 자리가 비어
서 가르침을 받을 곳이 없고, 또 험난한 세상에 단권의 책으로는
보전하여 지킬 수 없는 염려가 있으니, 활자로 약간의 책을 인쇄
하여 나누어 보관하여 강론하고 가슴에 담는 자료로 삼지 않을
수 없다"라고 하였다. 그래서 정사년1917 1월에 요동에 간행소를
설치하여 7월에 일을 마쳤다. … 문집이 완간되자 왜적이 그 일을
알고 이듬해 1월에 갑자기 보관한 곳으로 와서 40여 질을 압수해
가서 불에 태웠다.[34]

　초간이 일제 수사기관에 압수당해 불태워진 후 재간이 이루어
졌을 상황을 고려할 때 그들의 까다로운 검열 통과는 필수적이다.
또 문집의 간행 취지를 적은 위 내용을 참작할 때 류인석이 일목
요연하게 기록한 글이 아니다. 각지에 흩어져 있는 글을 수습한
정황이 보인다. 초간에 실린 내용에 가감이 따랐을 것은 물론이
고, 당시 일제에 맞서 싸운 연해주의병의 활동을 삭제해야 검열을
통과하여 발간할 수 있었을 것이다.
　오히려 연해주의병의 창의과정을 흩어진 자료의 수습과정에서
제외했을 수 있다. 그 이유는 우선 일제의 규찰을 피해 문집 간행
과 원활한 배포를 위해서이다. 문인의 입장에서 스승의 가르침과
유지를 반드시 세상에 전해야 하는 간절한 사명감이 위 글에 보
인다. 다음, 류인석을 따라온 문인, 가족과 지인은 물론 현지 동포
에게 화가 미칠 연해주의병 관련내용을 기재하기는 쉬운 일이 아

---

34) 류인석, 「연보」, 『의암집』인, 1917년 봄조, 835쪽.

니다. 자료를 스스로 누락시키거나 삭제 당했을 것이라고 가상하는 부분이 창의를 계획했던 4~5월과 창의하여 국내진공 작전으로 일제 침략자와 교전한 6~7월이다.

먼저, 4~5월의 분석이다. 한식 다음 날인 4월 6일경 류인석이 통진을 떠나 여정에 올랐을 가능성을 아래 한시에서 살펴본다. 음력 4월에 부평에 돌아왔다가 음력 5월 서울에 입성하였다. 이 내용은 류인석이 음력 4월 말쯤 부평에 귀환했다가 음력 5월 초 바로 서울로 출발했다는 뜻이다. 부평~서울은 거리가 하루 길도 안되는 일정이기 때문이다. 즉, 4월 6일경에서 5월 말경까지의 두 달 가까운 독립운동사료에 나타나는 연해주의병 관련 일정을 누락시켰거나 삭제 당했을 가능성이다. 통진~부평에 두 달 걸렸다면 당연히 그 기간의 행적에 의구심이 가는 기록이다.

류인석이 통진을 떠난 시기를 문집에서 찾아본다. 4월 5일 한식날 밤에 지은 한시를 분석하여 그 시기를 추정할 수 있다. 시구에 나타난 글귀로 짐작하건대 4월 6일경에 통진을 출발하여 길림성으로 향한 것으로 추리가 가능하다.

『戊申寒食夜 通津旅舍作무신한식야 통진여사작』

今年寒食通津客금년한식통진객
此夜孤燈小酒盃차야고등소주배
屯如艱我居貞地둔여간아거정지
溺矣須誰濟世才익의수수재세재

重險水能尋海去중험수능심해거

特高山可擎天來특고산가격천래

渴睡小男猶守側갈수소남유수측

解言此理永悠哉해언차리영유재

무신1908 한식 밤에 통진 여관에서 짓다.

금년 한식에 통진의 나그네
이 밤 외로운 등불 아래 조촐하게 술잔을 비우네
고난 속의 나는 북지에 거처하기가 어렵다네
몰락한 땅 진정 누가 이 나라를 구할 인재인가
겹겹이 험하여도 물은 잘도 바다 길을 찾아가고
우뚝 솟은 산은 진실로 하늘을 받칠 수가 있다네
졸음에 겨운 작은 아들 그래도 곁을 지키는데
이 이치 풀어 말하자면 길고 깊어라.35)

『주역周易』에서 원형이정元亨利貞이 방위를 가리키는 경우, 원元은 동, 형亨은 남, 이利는 서, 정貞은 북을 가리킨다.36) 또 둔괘屯卦는 64괘 가운데 제3의 괘를 말한다. 주역경문의 해석을 볼 때 3괘인 수뢰둔괘水雷屯卦에서 상괘는 감坎이며, 하괘는 진震이다. 방위를 표시할 때 감坎은 북쪽이며 진震은 동쪽이다. 이로 미루어 둔괘는 북 내지 동쪽을 말한다고 본다. 둔屯을 정현鄭

---

35) 류인석, 「권2 시」, 『의암집』천, 171쪽.
36) 김재홍, 『주역』상, 상생출판, 2014, 248쪽.

호, 왕필王弼, 정자程子, 내씨來氏는 모두 난難 어려움으로 해석하였다. 이에 따라 둔여屯如인 '둔괘와 같구나'를 '고난 속'이라 번역했다. 정貞자는 정자程子가 거득군위居得君位 정야貞也라 말하여 정正의 뜻으로 보았다. 따라서 정지貞地는 정지正地이며 이때 정지貞地는 북지北地인 연해주를 류인석이 지칭한 것으로 여겨진다.37) 이미 1907년 7월 연해주에 가서 창의할 계획을 세웠다면, 정지貞地는 의병창의의 정지正地이다.38) 정지貞地는 원형이정에서 정貞의 북쪽과 수뢰둔괘에서 감진坎震의 북동쪽이 모두 북지이다.

류인석은 통진에서 변모의 집에 머물었는데39) 먼 여행길에 오르기 위해 거처를 여관으로 옮긴 것 같다. 위 시구에서 여관에 머물었다면 여러 명의 동행자와 길 떠날 준비를 위해 숙박 장소를 옮긴 것으로 볼 수 있다. "여관에서 짓다", "금년 한식에 통진의 나그네", "이 밤 외로운 등불 아래 조촐하게 술잔을 비우네" 등 시구의 내용에서 나라를 구하기 위해 장도에 오르기 전 조국을 떠나야 하는 울적한 마음으로 석별의 잔을 들며 적은 한시다. 출항지인 통진의 나그네로 지은 시라면 이 시는 당연히 배로 떠나기 전 그의 사전계획을 실행하겠다는 의지로서의 표현이다. 더구나 4월 6일경 떠난 사람이 하루 길 다음 도착지에 두 달이 걸려 5월 말경 돌아왔다는 내용에 내포하고 있는 의미는 깊은 해석이 필요하다.

특히 3~6구에서 류인석의 연해주행이 확연히 드러난다. 3구에

---

37) 김경탁 역주, 『완역 주역』, 명문당, 1978, 32~34, 88쪽: 김경탁 역주, 『신완역 주역』, 명문당, 2012, 85~86, 143쪽.
38) 류인석, 「연보」, 『의암집』 인, 1907년 7월 15일조, 816쪽.
39) 류인석, 「연보」, 『의암집』 인, 1908년 2월조, 817쪽.

서 고난이 가로 막더라도 정지_{復地}에 가서 창의하겠다는 의지를 가기 어려워 안타깝다는 역설적 문구로 드러냈다. 4구에서 그 이유가 창의에 반드시 필요한 인물이기 때문이라고 자문자답했다. 5구에서 어려움 속에서도 그곳에 도달할 수 있다는 가능성을 강은 흘러가서 반드시 바다에 이를 수 있다는 자연의 이치에 비유하여 희망의 확신을 보였다. 6구에서 높은 산이 되어 마치 하늘을 떠받치는 모습처럼 의병투쟁에 새로운 전기를 마련하겠다는 결연한 의지를 나타냈다.

마지막 시구에서 '이 이치'란 5, 6구를 말하는 것이며, 류인석 자신이 반드시 짊어져야 할 구국의 사명이다. 이 경우 이 이치를 소남_{小男}에게 전해주려 애쓴 정황으로 보아 소남은 분명 친자인 작은 아들 류해동_{류제춘}을 지칭한 것으로 짐작된다.40) 이 때 데리고 간 소남을 안중근이 1908년 봄 블라디보스토크에서 류인석을 만났을 때 보았다는 15세쯤의 남자와 같은 인물이라고 본다면 역시 류인석은 4월 6일경 통진에서 연해주로 출발한 것이다.

이 시에서 류인석은 분명히 『주역』의 둔괘를 빌려 나라가 처한 난국을 타개할 희망을 말하고 희망을 찾아 북행에 오른 것이다. 수뢰둔괘가 위에는 빠지는 물이 있고 아래는 움직이는 천둥이 있음으로 일이 순조로울 수는 없다. 둔_屯의 뜻이 '막힌다', '어렵다'는 사대난괘_{四大難卦} 중의 하나이지만, 그러나 신중하게 난국을 돌파하면 전화위복이 될 수 있다는 희망의 괘로 해석된다. 따라서 이

---

40) 류해동은 1891년 음력 11월생으로 만16세다.(류인석, 「연보」, 『의암집』인, 1891년 11월조, 745쪽)

괘의 운명을 가진 사람은 고난 속에서도 희망을 가지고 참고 견
뎌야 한다.41)

류인석 스스로 둔괘의 운명을 진 것으로 생각한 것 같다. 내 운
명은 '둔괘와 같구나[屯如]'의 시구가 이를 입증한다.

이 시를 통진 나루터 근처의 여관에 유숙하면서 지은 것으로
본다면, 이는 반드시 먼 뱃길을 떠나기 전에 그의 의지를 나타낸
것이다. 시구의 문맥을 분석할 때 출행 바로 전날에 지은 시로 보
는 것이 옳다. 그런 의미에서 출행일자는 4월 6일경으로 추정이
가능하다. 다시 두 달 뒤인 음력 4월 말 부평에 돌아오고, 바로
음력 5월 초 서울에 들어왔다. 부평의 윤모 집에 유숙했기 때문에
부평에서 당일 입경이 아니고 달을 넘긴 것 같다.42)

문집에서 류인석의 행적이 빠져 있다고 생각되는 4~5월 두 달
동안 독립운동사료에는 3~4번에 이르는 류인석의 연해주의병과
관련한 기록이 발견된다. 연해주의병 창의를 위해 류인석이 4월
말경 블라디보스토크에 가서 이범윤과 회동하고 창의를 계획했다
는 기록과 이를 뒷받침하는 안중근의 진술이 근거이다. 또 류인석
이 평안남도 개천에 들려 창의와 의병 참여의 당위성을 홍보한 5
월의 기사가 그의 이동경로를 증거 한다. 위의 논증을 통해 볼 때
독립운동사료에서 확실하다고 믿을 수 있는 이 기록들이 문집에
는 누락되었다.

다음, 6~7월의 분석이다. "5월에 서울로 돌아왔다. 신재봉을

---

41) 김경탁 역주, 앞의 책, 40~41쪽.
42) 류인석, 「연보」, 『의암집』인, 1908년 2월조, 817쪽.

애도하였다. 7월 서울을 출발하여 러시아 땅으로 들어갔다五月還入京
城 哭申在鳳 七月發入俄地"에서 음력 5월 서울에 왔던 류인석은 음력 7월
이전인 음력 6월 말경 황해도 평산의 신재봉 상가를 방문했다는
뜻이다. 류인석이 서울을 떠난 때와 경로가 확실하지 않지만 6월
말경 연해주의병 창의에 참석했다면, 6월 초 서울을 떠나야 한다.
6월 하순경 길림성을 거쳐 연해주에 들어가 이범윤과 만난 것으
로 참작할 때 4월 말경 연해주에 간 것과 같은 노정으로 보는 것
이 합리적이다. 그 후 신재봉 조문은 7월 초 연해주를 출발하여
대략 7월 중순경 초산에서 모병하고 7월 말경 평산에 들릴 수 있
다. 7월 말~8월 초 서울에 돌아온 것으로 추정할 때 연해주 왕복
에 약 2개월이 소요되었다.

　신재봉은 순국 3개월 전에도 류인석을 측근에서 보좌한 신임하
는 문인이다.[43] 또 그의 창의 참여는 평산의병의 주창자를 류인
석으로 기록한 것으로 볼 때 스승의 명령에 따른 창의로 짐작된
다. 독립운동사료를 참조할 때 비록 창의대장은 목천부사 박기섭朴
箕燮이나 배후에서 창의를 실제 주동한 인물은 류인석임이 밝혀졌
다.[44] 신재봉이 1907년 9월 12일 순국했음으로 9개월이 지난 후
조문이며 사제의 의리에 따른 직접 조문으로 짐작된다.[45]

　이와 같이 신재봉은 목천부사 박기섭을 대장으로 내세웠으나
류인석의 제자들이 중심이었다. 해서의병이라고 말하는 이 의병전

43) 류인석, 「연보」, 『의암집』 인, 1908년 6월 11일조, 815쪽.
44) 국편, 「1908.7 평안도 통보-한헌경 을韓憲警 乙 821」, 『독립운동사료』 11-의
　　병편4, 439~440쪽.
45) 연백군지편찬위원회 편, 『연백군지』, 연백군민회, 1986, 314~315쪽: 평산
　　신씨종친회 편, 『평산신씨대동보-전서공파』 2, 1930.

투에서 신재봉은 소모장_{召募將}으로 1907년 9월 12일에 재령전투에
서 순국했다. 이어 아우 신재홍_{1863~1907} 역시 재령에서 같은 해 11
월 15일 일제 침략군과 전투 중에 순국했다. 형제 모두가 류인석
의 문인이며 연백 사람으로 평산인_{평산이 관향貫鄕}이다.

해서의병은 통상 평산의병 또는 도평산의병으로 말한다. 의병의
주진을 평산의 도평산_{桃坪山}에 두었기 때문이다. 일제 수사기관의
보고에는 평산의병 주창자를 류인석으로 기록하였다. 평산은 의리
있는 고을로 부호와 명망 있는 인물이 많고 그들이 의병에 호의
적이라는 점에 일제 수사기관이 아래 독립운동사료를 참조할 때
충성심을 크게 우려한 것 같다. 군민들은 류인석의 인품을 믿고
따르는 중에 자연스럽게 의리의 중요성을 터득하였을 것이다.

특히 의병의 귀순자 220명 중 평산 출신은 단 1명뿐이었다. 이
는 류인석이 산두재를 세워 오래 동안 화이론_{華夷論}에 의한 의리정
신을 교육한 것에 감화되어 거의소청_{擧義掃淸}의 대의를 위해 죽음을
두렵게 생각하지 않은 까닭으로 투항이란 더 없이 비굴한 처사로
본 것이라 여겨진다. 이때 류인석이 연해주에서 귀국하는 길에 특
별히 상가를 직접 찾아 조문한 것으로 본다.

사회 관습이나 문상의 관행으로 설명해도 해를 넘긴 오래전 사
망한 문인을 조상했다고 문집에 기록되었다면 직접 상가를 찾아
간 경우에만 있을 수 있는 일이다. 그렇지 않은 경우 순국한
1907년 9월 12일경 문상한 것으로 문집에 기록하는 것이 정상적
이다. 즉, 북쪽으로부터 내려오는 노정이 합리적이다. 신병과 바
쁜 의병활동 중에 오래 전 순국한 문인을 유독 문상하기 위해 황

해도 평산 한 곳만을 방문한 것이라고 생각하는 것은 합리적이 아니다. 따라서 6월 초~7월 말로 추정되는 약 두 달간의 독립운동사료의 기록이 문집에 삭제되었다고 보는 것은 자연스러운 발상이다.

1908년 6~7월 두 달 동안 류인석의 의문 나는 행적의 추적이다. 그 기간 독립운동사료 '헌기 432호'에 6월 하순 그가 연해주의 이범윤을 만나러 떠났다는 기사로 보아 연해주의병 창의에 참여한 것이다. 그 후 7월 중순경 초산에서 류인석의 모병활동이 세 기사로 『통감부문서』 5권에 기록된 것은 연해주로부터의 이동 노정을 알려 준다. 그가 창의에 참석하고 귀환하는 길에 그곳에서 활동했다는 근거임으로 류인석의 6월 말경 창의를 또한 간접적으로 입증한다. 이 중요한 기사도 문집에 빠졌다면 역시 문집에 많은 누락이 확실하게 여겨진다.

이와 같이 1908년 4~7월에 류인석의 중요한 행적들이 독립운동사료에는 여러 번 기록되어 있다. 그러면 이미 그 사실이 확인된 류인석의 4월 말경 연해주의병 창의계획의 블라디보스토크 회동과 6월 말경 창의에 직접 참여를 기록한 중요한 기사는 문집에 기록되어 있어야 한다. 따라서 이 기사가 문집에 빠져 있다는 사실은 이 기사를 비롯한 류인석의 의병활동에 관한 사건들이 자의, 타의에 불문하고 문집에 누락되었음을 확인해 주는 것이다. 이 시기는 연해주에서 한국의병 창의가 활발하게 전개된 때이다.

(2) 전체 독립운동사료의 사실성 검증 사례

'헌기 432호'와 같이 다른 독립운동사료도 모두 사실성이 있는

지 여러 방법을 통하여 독립운동사료를 모두 검증하여 그 사실성
을 확인하기는 어렵다. 비록 서문에서 편집자가 믿을 수 있는 자
료라는 단서를 달았지만 많은 연구자들은 독립운동사료가 가지는
자료로서 가치에 크게 무게를 두지 않는 것이 일반적이다. 그런
우려를 해소하기 위한 방법으로 1908년 4~9월까지의 류인석 관
련 자료들을 모두 모아 서로 연결함으로써 일관성이 있는가를 검
토하여 독립운동사료의 신뢰성을 찾아내려 의도하였다.

이제 1908년 4~9월까지 독립운동사료『통감부문서』 포함와 문집의
류인석이 직접 활동한 연해주의병 전체 기사와 그의 동정을 실은
기사들을 기초로 그의 움직인 과정動線動線이 상당히 합리적이라는
근거를 찾아본다. 괄호 안의 (사)는 독립운동사료에서 근거하였고,
(문)은 문집에 있는 기록이며 (통)은 『통감부문서』5권, (자)는
자서전의 기록이다. 괄호로 표기한 기사는 류인석에 관한 동정이
나 의병에 대한 기사이다.

1908년 4월 6일경 통진 출발 북행(문)~4월 말경 블라디보스토
크 창의모의 회의 참석(사)~(안중근이 1908년 봄에 블라디보스토
크에서 류인석을 만남(사))~5월 개천에서 창의 홍보(사))~(1908
년 8월 일제 수사기관의 정보로써 한붕거가 이범윤, 류인석의 창
의 소식 듣고 협력 약속(사))~6월 서울 도착(문)~6월 하순경 연
해주의병 창의(사)~(안중근 의병장의 7월 초순 국내진공(사・
자))~7월 중순경 초산에서 모금, 모병(통)~(7월 하순경 이인영,
허위 등 국내의병장 연해주의병에 합류 정보(사))~7월 평산 신재
봉 조문(문))~8월 10일경 서울 출발 연해주 행(문)~8월 20일경

원산 기착(사)~9월 10일 추석 전 블라디보스토크 도착
(문)~(1908년 9월 류인석의 국내의병·연해주의병 지휘 1909. 3.
기사(사)).

  그 기간 4개 자료에 실려 있는 류인석의 연해주의병과 관련된
기사 전 기록을 참조한 것이나 시기와 장소의 연결이 전혀 불합
리한 사실을 발견할 수 없다. 이 검증으로 단편적이지만 1908년
4~9월까지 류인석에 관련된 독립운동사료의 사실성을 간접적으
로 확인할 수 있다. 1908년 4월 통진을 떠나 연해주에 두 번 다
녀오고 다시 9월 연해주에 망명하기까지 류인석에 관한 4자료 전
체를 편집한 것이 이와 같이 한 번의 뒤틀림도 없이 일목요연하
다면 독립운동사료의 사실성을 거의 확실히 믿을 수 있다.

3. 환경여건이 류인석의 의병활동에 미친 영향

류인석의 의병활동은 어느 날 어디에 있었고 어디로 움직였다는 등의 일정과 경로가 수반된다. 먼저 자연적 여건에서 67세 된 그가 이 일자별 움직임이 가능한가를 판단하기 위해서 이 환경여건의 검토는 중요하다. 다음, 류인석의 연해주의병 창의와 관련된 독립운동사료와 문집 등에 나타난 그의 일정과 경로가 합리적으로 가능한 기록인가를 판단하기 위해서 이 자연적 여건의 관찰은 중요하며, 그럼으로써 독립운동사료가 일제가 꾸며낸 거짓의 자료가 아니고 사실적 가치가 있는 자료인가를 판단해 보는 기회도 된다. 그 외 인위적 요소들은 류인석이 연해주의병 창의대장에 추대되는데 필요한 여건을 분석해 보는 자료로서 크게 중요하다.

이와 같이 이 장은 류인석이 연해주의병을 창의하고 국내외 통합창의대장에 추대되어 의병항쟁을 펼쳤다는 이 글의 논증을 뒷받침하는 보충적 성격이며 자연적 환경은 상당부분 합리적 추리가 가미되었다. 그의 일정에 자연적 환경여건이 가능한가, 인위적 환경여건이 합당한가이다. 이 환경적 검토는 연구의 결론에 대부분 직접적 영향을 주지 않을 것이라고 미리 지적해 두지만 몇몇 부분은 많은 영향을 줄 만큼 중요한 요소도 있다.

류인석의 의병활동에 영향을 미친 환경에는 자연적 환경과 인위적 환경이 있다. 먼저 이동에 도움이 되는 계절로 천시天時가 유리한 때라는 관점, 지리地理의 이점 이용과 인맥을 유리하게 활용할 수 있었던 환경은 중요하다. 이러한 환경요인들이 그가 연해주까지 노약한 몸을 이끌고 왕래하며 창의를 계획하고 실행하는 과정에 유리한 조건으로 작용하였을 것이라는 합리적 추론을 살펴본다.

다음, 류인석의 유학자로서 인품과 학식, 사회적 경륜과 의병장으로서의 경험은 물론, 한국사회의 보편적 가치관, 관습법의 관점에서 그가 창의대장에 오를 수 있었다는 사회적 여건이다. 또한 연해주 한인사회가 갖는 파벌과 갈등관계는 그의 창의대장 추대에 무관하다고 단정하기는 어렵다. 다시 말할 때 이런 의병 환경들은 이 연구의 결론도출에 필수적인 요인은 아니라도 상당한 압력요인의 역할을 했던 것으로 보는 보완적인 설명이다.

1) 합리적 관점에서 관찰

(1) 일정계획·경로관리에서의 합리성

류인석이 연해주의병 창의의 계획, 실행을 위해 연해주에 왕래한 때는 4~5월의 전기 2개월, 6~7월의 후기 2개월이다. 류인석의 의병활동에서 먼저, 천시로 볼 때 4~7월은 그의 이동경로에 도움이 되는 최적의 계절이다. 만주 땅을 경유하고, 압록강鴨綠江과 두만강의 수운에 일부 의존할 경우 전기, 후기 모두 유리한 때이다. 전기 2개월은 압록강과 두만강으로 접경을 이루는 한반도 지역과 만주 모두 초봄으로 천시가 유리한 시기이다. 후기 2개월 역시 초여름으로 이동하는데 유리한 때이며 활동에 도움이 된다.

다음, 지리의 이점을 이용하는 이동경로이다. 통진~의주義州 대

안 만주 땅~중강진中江鎮 대안 만주 땅~길림성으로 류인석의 경로
를 추정하였다. 경원慶源의 두만강 건너 길림성 지역이 연해주의
병 진지로 통하는 길이다. 만주 땅 육로는 자동차편이 빠를 것이
나 당시 만주에서 자동차를 이용하지는 못한 것으로 판단된다.

한국에 들어온 최초의 자동차는 1903년 고종이 미국 공관으로
부터 의전용으로 선물 받은 포드Ford 승용차이다. 그 후 전국 승용
차 수가 1914년 12대, 1915년 8대, 1916년 16대라는 통계로 볼
때 1908년에는 일반에서 이용하지는 못했을 것이다. 그렇다면 만
주도 자동차가 상용화되지는 않았을 것으로 짐작된다.46) 따라서
겨울이나 장마철이 아닐 경우 말이나 마차를 이용한 이동이 편리
할 것이며 일부 수운에 의존한다. 국내에서 이동할 경우 말이나
마차, 선편이 이용되나 경의선京義線 철도에 의한 이동이 일정을 단
축시킬 수 있다.

압록강의 수운을 이용하는 것이 지형적으로 유리한 지역은
중강진~의주로 배를 타고 쉽게 내려올 수 있는 약 450km이
다. 두만강은 무산~경원의 약 250km는 뗏목을 이용할 만큼
수량이 넉넉하여 배편이 가능하며 또한 유속의 힘을 받기 때
문에 하강에 가속도가 붙는다.47) 따라서 류인석이 연해주에 갈
때는 두만강의 무산에서 경원까지 수운을 이용하고 돌아올 때는
중강진에서 의주까지 내려오는 압록강을 이용한 이동이 유리하

46) 한국교통연구원 편, 『교통, 발전의 발자취 100선』, 한국교통연구원, 2006,
16~19쪽.
47) 압록강·두만강의 경우 유속에 대한 자료를 구할 수 없음으로 그 근거는 한
강홍수통제소 유속담당자에게 문의한 결과이며, 영월 부근의 한강 유속
0.3~0.4m/sec를 참고하였으나 큰 의미는 없다.

다.

　창의결의 때의 일정계획은 류인석이 서울을 출발한 후 연해주에 도착하여 이범윤과 창의를 합의하는 두 사건을 처음과 끝으로 삼고 두 사건을 연결해 주는 것이 경로이다. 문집에 따르면 류인석은 1908년 4월 6일경 통진을 떠나 연해주로 향했다. 독립운동사료에는 그가 4월 말경 블라디보스토크에서 이범윤과 대규모 창의계획을 결의했다. 4월 6일경에서 4월 말경까지 대개 그 기간이 20여일이다. 이 한정된 일정에 어떤 경로를 통해서 두 지역을 연결할 수 있을 때 이 연구는 합리적이다.

　두 지역을 연결하는 경로는 우선 통진에서 의주까지는 서해를 통한 뱃길을 이용한다. 다음 압록강 800km, 두만강 550km로 1,350km이나 류인석의 추정여정인 의주에서 연해주의병 거점인 길림성과 인근인 경원까지로 고려하면 1,000km 정도이다. 대략 거리로 의주에서 중강진까지 450km, 중강진에서 길림성까지가 550km이다. 의주~중강진을 육로로 또는 수운으로 가능하나 강을 거슬러 오를 때 유속으로 역기능의 영향을 받는다. 이런 이유로 이 구간을 말의 이용을 우선으로 상정했다.[48]

　말을 타고 평보로 이동하거나 마차를 타고 갈 때 하루 10시간의 노정으로 대개 7일이면 의주~중강진이 가능하다. 67세 된 류인석이 말을 이용할 때 평보나 마차에 의존하는 것이 타당하다고 본 노정이다. 그러나 말의 속보를 감안하거나 일부 구간을 더

---

48) 압록강·두만강의 길이와 거리는 지도를 참조한 개략적인 숫자이다.(이기석 외, 『지리부도』, 보진재, 1993)

빠른 이동수단을 이용하면 시간을 단축할 수 있다.49) 마찬 가지 계산으로 강진~길림성에 소요되는 시간은 10일쯤이다. 만약 무산~경원 두만강의 수운을 이용하여 이동하면 더 빠를 수 있다. 어떤 배를 이용하느냐가 중요하겠지만 야간 이동도 가능하고, 내려가기 때문에 이동이 수월하다. 두만강은 보편적으로 압록강보다 물살이 빠르다.50)

이런 방법의 일정계획 · 경로관리로 통진에서 4월 6일경 출발하여 의주까지 배편으로 5일이 소요된다면 의주~중강진 7일, 중강진~길림성 10일로 22일이 지난 4월 27~28일경 경원 건너 길림성에 도착이 가능하다. 이 때 증기선이나 모터선으로 압록강을 역행하여 의주~중강진을 이동한다면 시간의 단축이 가능하다. 그러나 여기서 일정에 의한 경로관리는 가능한 방법을 선택하여 바닷길 외는 만주 땅을 경유하는 육로를 고려했다.

류인석이 4월 6일경 통진을 떠났다면 일단 서해西海를 경유 압록강 하류에 도착했을 것이다. 물론 경의선의 어느 역까지 배편을 이용하고 철도편으로 연결할 수 있다. 그러나 경의선 철도의 일제 기찰, 감시는 매우 삼엄했을 것으로 판단된다. 다음 육로로 의주에서 만주 땅을 지났을 것으로 추리된다. 일부 배편도 이용하여 길림성에 4월 말경 도착한 것이다. 4월 말경에 가까운 거

---

49) 말을 이용할 경우, 말의 평보가 분당 100m 이상이며 속보가 분당 220m, 구보가 분당 320m라는 근거로 환산한 것이다.(인터넷 정보, 「말의 속력-승마의 보법, 말의 걸음걸이」, Daum 통합검색)

50) 압록강의 중강진~의주는 물살이 느리며, 두만강의 무산~경원은 수량이 많아 뗏목이 가능하다. 두 강의 결빙기는 대개 11월말부터 다음 해 4월초까지이다.(인터넷 정보, 「압록강」 · 「두만강」, Daum 통합검색)

리인 블라디보스토크에 가서 이범윤과 창의계획을 합의하고 다
시 ████에 ████에 길림성을 █████ █████.

████ 평안도 개천을 잠간 ████ █████ █████ █████ ████
강진~의주의 압록강을 내려오는 수운을 이용한 이동은 시간을
단축할 수 있다.51) 의주~개천은 서해와 청천강清川江의 수운을 이
용할 수 있다. 서해를 경유 통진이나 세물포濟物浦에 도착하고 다
시 부평에 5월 말경 도착이 가능하다. 아니면 철도편과 육로로
개천에 들리고 다시 일부 철도나 바닷길로 돌아오는 길의 일정
에 의한 경로는 길림성~중강진 10일, 중강진~의주 5일, 의주~
개천~통진이나 제물포~부평 10일로 5월 초 길림성을 출발하여
부평에 5월 말 도착할 수 있다.

　창의 때의 일정은 1908년 6월 초 서울 출발로 시작된다. 길림
성~연해주 도착이 6월 말경이다. 4월에 갔던 경로이거나 경의선
을 이용하여 신의주를 경유, 또는 부산 동래에서 배편으로 블라
디보스토크에 가서 길림성에 들려 의병진을 점검하고 연해주에
갈 수 있다. 그러나 서울~길림성간 이동의 기록이 없음으로 추
리에 의하였다. 시간과 이동에 대한 추리는 창의시점을 독립운동
사료에 근거하여 6월 말경으로 보기 때문이며, 류인석이 창의시
점인 그때 연해주에 있었다면 어떤 경로를 선택했던 그때까지
그곳에 도착한 것이다.

　그러나 돌아오는 여정은 독립운동사료에 근거하여 7월 중순경

---

51) 수풍 땜이 1937년 착공되었음으로 땜의 장애도 없는 때이다.(진단학회 편, 「
　　연표」, 앞의 책, 337쪽)

평안북도의 초산을 경유했다. 또 황해도 평산에 들려 신재봉 상
가에 조문하고 7월 말~8월 초에 서울에 돌아왔다. 초산~평산은
서해의 배편과 육로를 이용하거나 신의주新義州~사리원沙里院을 철도
편으로 다시 육로로 평산에 올 수도 있다. 서울에 입성하고 며칠
지체 후 기차나 자동차 편으로 부산으로 이동하는 일정이다. 8월
10일경 서울을 떠나 부산에 도착하고 배편으로 곧 동래를 떠났
다면 독립운동사료의 기록과 같이 8월 20일경 원산에서 활동이
가능하다. 다시 원산을 출발하여 9월 초 추석 전에 블라디보스토
크 항에 기착하는 일정계획・경로관리가 끝난다.52)

　따라서 문집과 독립운동사료를 활용하여 일정계획으로 삼은
위의 경로관리는 합리적이다. 또 사용한 두 자료에 나타나는 류
인석이 이동했다는 경로의 유기적 연계가 앞의 설명과 같이 합
리적이다.

(2) 인맥을 활용한 이동의 편의성

　류인석은 만주와 서북지방에 많은 문인과 지인을 두어 인맥의
이점을 이용할 수 있다. 비밀의 보장, 숙식과 교통편의 주선과
편의의 제공, 연락망의 형성 등이 이들의 도움이다. 그는
1896~1900년간 두 차례의 만주 망명시기에 많은 문인을 기르
고 지인을 사귀었다. 또한 류인석은 만주에서 돌아온 후 연해주
의병에 참여하기까지는 평안도와 황해도를 중심으로 강학과 향
약을 폄으로 많은 문인을 양성하며 지인과 교유로 외연을 넓혔
다. 이들을 통한 인맥의 확대는 그의 연해주의병 창의활동에 많

---

52) 이상근, 앞의 논문, 『의암학연구』 1, 99쪽.

은 이점이 되었음이 확실하다.

　1896년 7월 1차 망명에 그를 종행한 인사는 21명이다. 함께 갔던 의병 219명은 망명이 허락되지 않아 파저강婆猪江에서 귀국하였다.53) 만주 정착 후 통화현通化縣에 머물면서 망국단望國壇과 망묘단望墓壇을 쌓아 학문과 선현을 기려 애국정신을 함양하였다.54) 1898년 1월 2차 망명에는 73명이 종행하여 역시 통화현에 거주지를 정하고,55) 저술 활동으로 한국인으로서 갖출 애국정신과 고유 학문을 전수함은 물론 풍속을 순후하게 하고자 노력하였다.56)

　특히 향약을 만들어 가정에서는 효도와 공손을 실천하고 국가에 대해서는 충성과 순응으로 헌신하는 정신을 일깨웠다. 이 일로 원근의 동포들로부터 호응을 받았다. 비록 의화단義和團의 난으로 요동을 떠나게 되어 결말을 보지 못했으나 후에 그의 연해주 의병 창의과정에 큰 도움이 되었다.57)

　다음, 국내에서 류인석의 문인 교육 현황을 살펴본다. 철산鐵山, 안주安州, 선천宣川, 평양平壤, 용강龍岡, 서흥瑞興, 해주海州 등지를 부단히 왕래하면서 문인들을 양성하였을 뿐만 아니라 강습례講習禮와 향음례鄕飮禮를 통해 각지 주민들에게 화이론에 바탕을 둔 항일투쟁의식을 고취시켰다.58) 이와 같이 관서關西, 해서海西 지방을 중심

53) 류인석, 「연보」, 『의암집』 인, 1896년 7월 21일조, 766쪽.
54) 류인석, 「연보」, 『의암집』 인, 1896년 9월조, 767쪽.
55) 류인석, 「연보」, 『의암집』 인, 1898년 1월 10일조 779~780쪽.
56) 류인석, 「연보」, 『의암집』 인, 1899년 2월조, 782쪽, 『동국풍화록』의 편찬을 착수하였다.
57) 류인석, 「연보」, 『의암집』 인, 1900년 봄조, 789쪽: 7월 18일조, 790쪽..

으로 활동한 연유로 그를 종행한 문인, 지인 중에는 이 지방 사
람들이 특히 많고 연해주의병 창의과정에서 그의 왕래에 많은
편의를 제공하였을 가능성이다.

　구체적으로 류인석이 서북지역 문인 양성에 주력했던 증거로
설치했던 강학소를 지역별로 설명하면 더 정확하게 확인된다. 평
산의 산두재山斗齋, 개천의 숭화재崇華齋, 용천의 옥산재·주일재玉山齋
·主一齋, 용강의 향양재向陽齋, 영변寧邊의 본립재本立齋, 선천의 관해재觀
海齋·인의재仁義齋, 덕천德川의 명덕재明德齋, 태천泰川의 삼수재三水齋, 몽양
재, 정주定州의 구음재, 평원平原의 애백재, 단천端川의 성학재, 은율殷
栗의 흥도서사興道書社 등이다.59)

　참고로 1908년 8월 연해주 망명의 종행자를 지역별로 분석하
여 류인석의 연해주의병 창의과정에서 도움을 주었을 가능성을
추리해 본다. 평안도·함경도·황해도 출신이 다수를 차지하여
류인석의 노정에 도움이 될 뿐만 아니라 또한 이런 현상은 류인
석의 인맥이 여러 지역에 분포되어 있다는 증거이다.

　평안북도 : 박양섭朴陽燮 용천60), 박이채朴彛采 선천, 박병강朴炳疆 박천, 박
용근朴龍根 박천, 박승연朴勝衍 박천, 김기한金起漢 의주, 홍석우洪錫禹 정주, 김두운
金斗運 영변, 한봉섭韓鳳燮 박천, 강철묵康哲黙 영변, 이함李涵 용천, 김동려金東勵 영변,
지희전池熙銓 영변, 강기복康基復 영변, 박영실朴永實 태천, 현경균玄敬均 박천

58) 박민영, 『대한제국기 의병연구』, 한울, 1998, 66쪽.
59) 류인석, 「연보」, 『의암집』인 1900년 11월조~1906년 윤4월조, 792~812
　　쪽: 유한철, 앞의 논문, 89쪽.
60) 박양섭은 평산의병의 주창자이나 출신지역이 용천임으로 이에 따랐다.

평안남도 : 차재정車載貞 숙천, 강진국康瑨國 안주, 이동섭李東燮 안주, 김봉래金鳳徠 안주, 석진재石鎭哉 안주, 이중희李重熙 개천, 안재희安在熙 안주, 백경환白慶煥 덕천

황해도 : 박정빈朴正彬 평산, 심노술沈魯述 평산, 이진용李鎭龍 평산, 우병열禹炳烈 평산, 우문선禹文善 평산, 박규승朴奎承 장단, 변승수邊承洙 연백

함경북도 : 이남기李南基 경성, 정홍규丁弘奎 경원, 김만송金晩松 명천, 허승헌許承炫 성진, 최우익崔于翼 길주, 김병진金秉振 길주

함경남도 : 김영희金永禧 단천, 문승도文昇道 북청

가족을 제외하고 61명이 전후에 걸쳐 종행했으나 그 중 48명의 출신지가 확인되며, 평안도 출신이 24명으로 절반이고 황해도, 함경도 출신을 가산할 때 39명으로 64%에 이른다. 이는 류인석이 연해주의병 창의를 위해 연해주와 국내를 왕래할 때 그들의 도움이 컸을 것임을 확인해 주는 증거이다. 그의 노정이 국내의 해서, 관서, 관북關北과 만주를 아우르는 경로로 이루어졌음으로 이 지역에 관련 있는 문인, 지인의 협조는 필수적으로 중요했기 때문이다.

2) 적합적 관점에서 관찰

(1) 류인석의 경륜과 사회적 가치관의 관점

류인석은 보수적인 유학자 출신으로 을미의병을 창의하고 창의대장이 되었다. 의병활동이 끝내 실패한 후 두 번에 걸친 만주 망명으로 그곳 동포들에게 의병항쟁의 대의정신을 일깨웠다. 그

리고 국내의 강학과정에서 많은 문인을 양성하여 그들의 추종을 받았다. 또한 연해주의병의 창의시점에 국내 각지에서 많은 의병의 창의활동이 있었으며 창의대장 대부분이 류인석의 지휘를 받았던 의병장의 경력자이다. 부하가 아닌 경우 그와 협력하여 의병항쟁을 경험한 의병장들이다.

당시 한국의병의 성격은 유림이 앞장서 창의한 유학자 중심이며 의병장으로 일부 평민이 가세했다. 신돌석, 홍범도 등 서민의 병장들과 민긍호 등 군인출신도 있으나 대부분의 의병장인 류인석, 이인영, 이강년, 이은찬, 허위, 최익현崔益鉉, 민종식, 김복한, 정용대 등은 유학자며 이들의 창의정신은 위정척사衛正斥邪, 존화양이尊華攘夷에 바탕을 두었다. 류인석의 구상이며 연해주의병의 전략인 국외근거지로서 연해주의병진과 북계에 의하여 진지를 이전한 국내의병의 협동작전이 성공하려면 이러한 의병진의 특성을 감안해야 하는 것은 당연하다.

또한 사회 보편적 가치관에서 반상班常과 장유長幼의 분별이 엄연히 존재하던 시대이다. 이런 가치관에서 지켜져야 하는 덕목 중에는 반상과 장유의 질서가 우선이다. 연해주의병의 중심인물은 현지 거주의 이범윤, 최재형과 국내인사로서 류인석이 주도적 위치에 있었다. 3인의 연령적 차이를 확인하면 1842년생인 류인석이 가장 연장자이며, 1856년생인 이범윤이 14세 연하이고, 1860년생인 최재형은 18세 아래였다.

이러한 상황과 류인석이 갖춘 학덕, 인품의 조건을 감안할 때 창의대장으로 추대 가능성은 높다. 즉, 창의경험과 유학자로서의 학덕과 경륜은 물론 장유유서長幼有序라는 사회적 가치관의 관점에 서이다. 나아가서 국내외 협동작전에서 필요한 조건이 연해주의 병과 국내의병을 함께 통솔하는데 적격자를 선택하는 것이 우선 덕목이다.

그 덕목에는 의병장으로서의 용맹이나 의기, 자금의 동원력도 중요하나 유학자를 다스릴 수 있는 식견과 사상, 신분상의 수월 성이다. 한국유학자의 사상적 기저에 척사斥邪가 포함된다면 개화 인사인 친일, 친러파가 통합의병의 창의대장을 맡기에는 한계가 있었을 것이다. 러시아 공민인 최재형은 물론, 이범윤 또한 성향 으로 보아 친러 인사이다.

(2) 동의회 창립과 이범윤, 최재형의 갈등

1908년 5월 초 창립된 동의회는 4월 말경 류인석, 이범윤이 결단한 창의계획을 실천하기 위한 연해주의병 창의과정의 일환 으로 볼 수 있다. 이 창립과정에서 연해주 한인사회의 이주민을 대표하는 이범윤과 러시아 귀화 한인을 대표하는 최재형의 갈등 과 반목은 곧 출범하게 될 연해주의병의 창의대장 추대와 무관 하지 않았을 것이라는 판단이다. 두 사람 사이의 갈등과 불신은 누구도 창의대장을 맡기에는 부담스러운 사건이다. 이 일을 수습 하고 6월 말경 창의에 따른 국내진공과 의병항쟁의 승리라는 지 상목표를 수행할 적임자로 류인석이 창의대장에 추대될 수 있다.

동의회를 결성할 때 최재형은 총장에 추대되었다. 이위종李瑋鍾 1887~?이 숙부 이범윤에게 부총장을 양보하여 '총장 최재형-부총장 이범윤, 회장 이위종-부회장 엄인섭'으로 결정됐지만 이 과정에서

이범윤과 최재형 사이에 심한 갈등이 노정됐다. 이 때 이범진李範晉
1853~1911이 보낸 1만 루불과, 최재형의 기부금 1만 3천 루불, 모금
6천 루불을 합쳐 연해주의병의 창의기금이 모아졌다. 이범진은
이범윤의 형임으로 이범윤, 최재형 모두가 의금의 모금에 기여한
것이다. 또 총기 100정을 수집하였다.61)

　당시 러시아 한인사회가 러시아의 지원을 바라는 정서로 친러
파이며 러시아 고관의 사위인 이위종이 삼촌인 이범윤에 한 표차
로 앞서 부총장에 당선되었다. 낙선한 이범윤은 "수년 동안 국사
에 전력하였는데 연소한 이위종보다 못한 처지가 되었으니 참으
로 한스럽다"며 불쾌감을 표시했다. 이런 사태에 따라 이범윤파의
불만으로 야기된 의병세력 사이의 갈등은 이범윤파와 최재형파의
충돌로 이어지게 되었다. 즉, 이범윤은 고종황제로부터 받은 권한
을 내세워 안중근 등 9명의 반 이범윤파를 모반자라고 매도하였
다.62) 양파가 대립한 극도의 불화는 이범윤파의 이탈을 초래하는
상황까지로 비약하였다.

　이범윤이 안중근 등 9명을 모반자로 매도했다는 기사는, 일본
외무성 '외교독립운동사료관'에서 확인된다. 자료의 내용은, "여차
如此히 하여 점차 동의회라는 조직組織을 만들었으나 익일翌日에 이르
러 작일昨日의 선거選擧에 불쾌감不快感을 갖는 이범윤 일파一派의 자者는
각소各所에 첩지帖紙를 보내 아래 9명은 어명御命을 어기고 모반인謀反人
이 되었다"고 공격하였다. 당시 이범윤은 태황제太皇帝의 밀칙密勅을

61) 황재문, 앞의 책, 201~202쪽.
62) 신운용, 「안중근의 의병투쟁과 활동」, 『한국민족운동사연구』 54, 한국민족운
　　동사연구회, 2008, 20~21쪽.

봉奉하여 거사擧事했다고 하고 있다. 9명은 지운경池云京, 전제익, 전
제악全濟岳, 안중근, 백규삼白圭三, 김길룡金吉龍, 강의관姜議官, 장봉한張鳳漢,
엄인섭이다.63)

이들의 갈등은 이범윤 휘하 백 명이 동의회 소유의 총기 보관
소 한 곳을 습격하여 83정의 총기를 탈취하는 사건으로 이어지기
도 하였다.64) 이범윤파의 고압적 행동에 안중근은 이범윤, 이범
진 세력을 친러파라 하여 친일파親日派인 일진회一進會에 비유할 정도
로 평가 절하했다.65) 이러한 러시아 한인사회의 분열양상은 이범
윤의 권위주의적 태도에 대한 최재형의 반감으로 설명되기도 한
다.66)

물론 이 갈등관계는 자금문제 등 여러 가지가 있겠으나, 우선
그들의 도덕적 측면과 조선에서 양반과 노비의 자손이라는 신분
적 차이의 문제에서 비롯되었다고 할 수 있다.67) 갈등의 봉합에
는 최재형과 이위종의 노력이 컸으며, 이범윤파와 최재형파는 나
라를 위하여 반드시 이루어야 할 일을 앞세워야 하고, 같은 형제
라는 명분으로 다시 화해했다.68)

갈등 결과는 이범윤과 최재형 두 사람 모두 연해주의병의 창의
대장에 추대되는데 상처를 입었을만하다. 이런 갈등이 아니라도

---

63) 일본 외무성 외교독립운동사료관, 「排日鮮人退露處分ニ關スル件배일선인퇴로처분에
    관한건」, 『재서비리아在西比利亞』 5호.'에서 재인용.
64) 신운용, 앞의 논문, 앞의 책, 21쪽.
65) 신운용, 같은 논문, 같은 책.
66) 반병률, 「노령 연해주 한인 사회와 한인 민족운동」, 『한국근현대사연구』 7,
    한국근현대사연구회, 1997, 82쪽.
67) 박환, 앞의 책, 117~119쪽.
68) 신운용, 앞의 논문, 앞의 책, 20~21쪽.

최재형의 경우는 충분한 재력과 러시아 공민으로서 입지가 연해
주에서 높은 이점이 되었을지라도 그가 창의대장이 되는 데는 한
계가 있었던 것이 사실이다. 이미 말한 국내에서 최재형 가문의
하류계층 신분 외에 러시아 공민으로서 의병 참가를 제약하는 러
시아 정부의 압력 등 여러 조건에서 판단할 수 있다.69) 이와 같
이 연해주의병진을 대표하는 두 사람이 창의대장이 되기에 한계
를 드러냈다면 대안으로 두 파벌과 무관한 인물이 거론될 수 있
으며 류인석의 인품으로는 상당히 근접한 대안이었다.

　류인석은 4월 말 이범윤과 블라디보스토크에서 회동하여 창의
계획을 결단하고 6월 초 서울에 돌아왔다. 그리고 쉴 틈도 없이
곧 바로 다급하게 연해주행을 실천한 근거에는 동의회의 조기발
족과 국내진공 시점이 앞당겨진 연유도 고려해 볼 수 있겠지만,
또 이런 연해주의병의 복잡한 현지사정으로 반드시 창의에 참석
하여 창의대장을 맡아야하는 상황에서였을 것으로 여겨진다. 류인
석이 창의 후 창의대장의 국내진공 작전 권한을 이범윤 등 부장
수에게 위임하고 평안도에서 모병활동을 벌린 뒤 바로 귀국한 근
거에서 그 개연성이 찾아진다.

---

69) 졸고, 앞의 논문, 『의암학연구』 10, 298~300쪽.

4. 연해주의병 창의대장 류인석

1) 연해주의병에서 류인석의 활약

이미 1908년 4~7월 4개월간 독립운동사료에 기록된 류인석의 연해주의병 창의 참여가 사실임을 확인하였다. 기사 누락을 가상한 문집과 사실이 확인된 독립운동사료를 근거로 아래와 같이 가설을 세우고 이 가설이 적합한가를 논증하였다. 가설1과 가설2, 가설3의 '국내외 통합창의대장' 부분은 선행연구에서 있을 수 없는 가설을 세움으로써 선행연구와 차별적인 결과가 도출되는 근거이다. 특별히 가설검증이라는 용어로 이 연구를 이끈 이유는 선행연구와 새로운 연구의 차별성을 확연하게 드러내는 의도에서이다.

첫째, 류인석은 1908년 4월 말경 연해주의 블라디보스토크에서 이범윤 등과 연해주의병 창의계획을 결의했다.

둘째, 류인석은 다시 6월 말경 연해주에서 연해주의병을 창의하고 창의대장에 추대되었다. 이 때 부장수는 이범윤 등이다.

셋째, 류인석은 8월 10일경 부산 동래를 선편으로 떠나 블라디보스토크를 통해 연해주로 망명했으며, 이전 6월 말경 창의부터 국내외 통합창의대장으로 한국의병을 지휘했다.

국내에서 의병활동의 한계를 느낀 류인석은 1907년 7월 러시아행을 감행했으나 신병과 낙상으로 원산에서 다시 서울로 돌아왔다.70) 같은 해 8월 문인 박치익을 먼저 러시아로 보내어 연해

주의병진과 새로운 국내외 의병전략의 연계를 모색하였다.71)
1908년 1월 문인을 중심한 국내 의병장들에게 국외진지 건설과
북계의 전략에 관한 통문을 발송하는 한편, 본격적인 연해주의병
진과 협동을 모색하기 시작하였다.72)

　이미 살펴본 바와 같이 문집에는 '국내의병 창의~2차의 만주
망명~귀국과 국내의병활동~연해주 망명'으로 단순하게 기록되어
1908년 4~7월간 류인석의 연해주의병 참여 기록을 전혀 찾을
수 없다. 이와는 달리 독립운동사료에는 연해주의병진에서 류인석
에 관련된 기록이 10건에 이른다. 이 사건들을 감안한 류인석의
연해주의병 활동을 밝히는 연구이다.

　류인석이 통진에서 떠난 4월 6일경 이후 부평에 돌아온 5월 말
로 추정되는 두 달을 한 기간으로 한다. 이 기간을 '류인석의 연
해주의병 창의계획'으로 이름 붙인다. 다음 6월 초 서울 입성과
다시 출행이 가상되는 6월 초순부터 연해주 망명 전인 7월 말까
지 두 달을 또 한 기간으로 한다. 이때를 '연해주의병 창의대장
류인석'으로 하였다. 이어 류인석은 연해주에 망명했으며, 이전인
6월 창의부터 국내외 통합창의대장으로서 1914년 3월까지 연해
주의병 활동에 헌신하였다. 이때를 '류인석의 연해주 망명'으로
구별하였다.

---

70) 류인석, 「연보」, 『의암집』 인, 1907년 7월 15일조, 8월조, 816쪽.
71) 류인석, 「연보」, 『의암집』 인, 1907년 8월조, 816쪽.
72) 류인석, 「연보」, 『의암집』 인, 1908년 1월조, 817쪽.

(1) 류인석의 연해주의병 창의계획

선행연구의 일반적인 경향은 연해주의병의 창의지도부에 이범윤과 최재형을 거론하며 국내진공을 지휘한 장수로서 안중근 등을 말한다. 그러나 이 연구에서는 류인석이 연해주의병 창의계획의 블라디보스토크 회동부터 참여했으며, 창의의 주역으로서 창의대장에 추대되었다고 논증하였다. 연해주의병이 창의한 후 1908년 가을에 블라디보스토크를 통해 처음으로 류인석이 러시아 땅에 들어갔다는 선행연구와 다르다.

표본자료의 사실성을 검증하는 과정에서 이미 류인석이 이범윤과 창의를 합의했다는 것과 이범윤과 교통한 정황이 파악되었다. 문집에서 그의 행방이 확실하지 않은 4~5월에 서울~길림성~블라디보스토크를 왕래하며 연해주의병진의 지휘부와 연해주의병 창의를 계획했다. 이 정보의 신빙성은 5월 평안남도 개천에서 류인석의 활동으로 확신을 가질 수 있다. 특히 평안도 개천은 1901년 석계石溪에 류인석이 숭화재를 세워 교육한 인연이 있는 지역이다. 따라서 많은 문인들이 그를 도울 수 있다.73)

류인석은 4월 초순 한국을 떠나 길림성을 거쳐 연해주를 왕복했다. 청일전쟁 후 일본에 대한 청국의 반감과 류인석에 대한 청국인淸國人의 호감을 참작할 때 만주를 경유한 연해주까지의 왕래가 수월했을 것으로 짐작된다. 실제 청국인의 류인석에 대한 호의를 "평안북도 대안 청령淸嶺에 있어서는 특히 청국인에게서도 다대한 존경을 받아 학자로서 저명하다. 각지에 제자가 있다"라고 일제

---

73) 류인석, 「연보」, 『의암집』 인, 1901년 9월조, 794쪽.

헌병대가 평가하였다.74)

연해주의병진의 본거지 연추와 블라디보스토크의 거리가 13km 라면75) 길림성의 훈춘琿春 같은 곳은 러시아 국경에 인접하고 연추와 가까운 거리로 겨우 20~30km에 불과할 것으로 추정되는 지역이다. 이 공간들이 연해주 한국의병의 중심지이다. 그 곳을 넘나들며 창의계획을 마치고 귀로에는 5월 중 평안남도 개천에 들렀다는 근거가 발견된다.

독립운동사료의 '1908년 5월 평안도 정보-헌기 216호'이다.

폭도暴徒 류인석柳麟錫 일—. 우右는 현시現時 평안남도 개천군에 재在하여 부하 천여 명을 인솔하고 또 은산殷山 성천成川 등 지방에 격문檄文을 발發하여 왈曰 국가다사國家多事의 금일 중민衆民은 안업安業할 수 없다. 이십 세 이상 사십 세 이하의 남자는 마땅히 각 호戸로부터 일명식— 名式 반드시 출진出陣해야 할 지旨를 명命하여 만약에 출진하지 않을 시時는 가옥을 소기燒棄하겠다 라고 위혁威嚇하고 있다. 따라서 해該 지방은 점점 적세賊勢가 성盛해지고 있다고 한다.76)

---

74) 국편, 「흉행자 급 혐의자 조사서-공범자라고 인정할 자의 경력(류인석)」, 『독립운동사료』 7-안중근편2, 281쪽.

75) 이상근, 「연해주에서 류인석의 항일운동과 그 의의」, 『의암학연구』 2, 2004, 128쪽.

76) 국편, 「1908.5 평안도 정보-헌기 216」, 『독립운동사료』 11-의병편4, 157쪽.

독립운동사료에서 류인석이 블라디보스토크의 창의준비 모임에 참가하여 창의계획을 이범윤과 결의하고, 다시 평안남도 개천에 들렀음을 말한다. 그곳에서 문인을 중심한 의병세력의 협조를 얻어 모병과 의병창의의 당위성을 홍보하고 다시 부평에 돌아왔다는 증거이다. 그 기간은 4월 6일경 연해주로 출발했다면 25일 이내에 블라디보스토크에 도착해야 하며, 다시 5월 초 그곳을 출발하여 길림성, 개천을 경유하여 다시 부평에 귀환한 때가 5월 말이면 역시 25일 이내로서 대개 2개월이다.

그러면 류인석은 분명히 한국을 떠나 연해주에서 의병창의를 계획부터 주도한 중심인물이다. 선행연구에서 1908년 6월 말경 연해주의병이 창의하여 안중근을 대장으로 두만강을 건너 국내에 진공했다가 실패한 후 류인석이 그해 가을 연해주에 처음으로 도착했다는 논증에 대해 재론의 여지가 있다는 뜻이다. 여러 증거로서 류인석은 1908년 후반에 연해주의병에 참여한 것이 아니라 4월 창의계획부터 창의의 중심에 선 것이 확실하다.

그의 개략적인 왕복노정의 추리는 1908년 4월 6일경 통진~서해~의주~중강진~무산~두만강 수운~4 월 말경 길림성~4월 말경 블라디보스토크~5월 초 길림성~중강진~압록강 수운~의주~서해~청천강 수운~5월 중순 개천~청천강 수운~서해~5월 말경 통진이나 제물포~5월 말경 부평 도착의 경로를 생각할 수 있으나 이는 추리일 뿐이다. 아니면 일부 구간을 이미 개통된 경의선을 이용할 수 있다.77)

---

77) 경부선京釜線은 1904년 1월 10일에 경의선은 1905년 4월 28일 개통하였다.

류인석의 1908년 4월 6일경~5월 말경의 2개월간 이 노정은 먼저, 문집의 한식날이 기점이고 그 종점은 독립운동사료에 기록된 블라디보스토크 회동에서 창의계획을 결단한 4월 말경이며 1개월이다. 다시 5월 초 길림성을 떠나 부평에 돌아온 때는 5월 말경으로 역시 1개월이다. 위에서 추리한 통진~길림성~연해주~길림성~부평에 이르는 이 왕복여정의 일정계획, 경로관리의 합리적 가능성에 대해서는 3장에서 이미 살펴보았다.

압록강 이북의 만주지방은 2차에 걸친 통화현, 회인현의 망명 생활에서 많은 문인을 양성하고 지인을 사귀었다.[78] 또 향약을 실시하여 한국의 문화와 관습을 전수시킨 노력으로 접근이 쉬운 지역이며 교통과 숙식의 많은 편의를 제공 받을 수 있다. 압록강과 가까운 의주, 용천, 철산, 태천, 안주, 개천 등지는 특히 강학 등으로 문인을 양성했거나 향약에 의해 지인을 얻었음으로 협조자가 많은 곳이다.[79] 이들은 물심양면으로 류인석의 의병활동에 도움을 주어 그의 이동과 숙식을 편리하게 하였을 것이다.

다음은 독립운동사료의 '1908년 8월 일제 수사기관의 정보-헌기 450호'이다.

(백태남 편저, 『한국사연표』, 다홀미디어, 2013, 405~406쪽)

78) 류인석, 「연보」, 『의암집』인, 1896년 9월조, 767쪽: 1897년 5월조, 770쪽 외.

79) 박민영, 「류인석의 국외 항일투쟁 노정(1896~1915)」, 『의암학연구』1, 13쪽.

정보 일情報 一, 서간도西間島 우편 右便 右方의 意우방의 의 사십

리지四十里地 송산하松山下 광지廣地를 한붕거韓鵬擧 한등거韓登擧와

동일인인가가 수 년 전에 점령하고 거주하였던바 자기의

부하 수천 명을 동지同地에 이주시키고 평시 무기를

휴대하고 훈련하여 그 토지를 영흥국永興國이라 칭하고

있었던바 본년 5월경 이범윤, 류인석 등이 창의하였

다는 것을 듣고 동시 우 양명방右 兩名方에 서면書面을 발

發하고 공共히 국권國權을 회복回復하고자 하는 약속을

하였다고 한다.80)

이 정보에서 두 가지 중요한 결론이 도출된다. 첫째, 연해주의

병의 창의 사실이 확인되며, 둘째, 창의에 이범윤, 류인석이 함께

참여했다. 류인석이 1908년 5월경 창의했다는 내용은 그가 4월

말경 길림성에서 블라디보스토크로 건너가서 4월 말~5월 초 이

범윤과 창의 결의에 뜻을 같이 했다는 의미일 수 있다. 약간의 시

차가 있긴 하지만 연해주의병의 창의를 5월경으로 볼 수도 있다.

이 기사가 8월 자료임을 감안할 때 6월 하순경 창의를 5월로 기

록할 수 있다는 뜻이다. 또 5월 창립된 동의회를 의병창의로 혼동

할 수 있음으로 의병의 창의의 모의와 실제 창의가 1908년 4~6

월에 있었음으로 전혀 내용이 틀린 것은 아니다.

연해주의병에서 이범윤, 최재형, 안중근, 엄인섭 등이 주체가

---

80) 국편, 「1908.8 함경도 정보-헌기 450」, 『독립운동사료』 11-의병편4, 603
쪽.

된 동의회는 1908년 4~5월에 창설된 것으로 보며, 5월 10일 『해조신문』에 창립취지를 조국정신의 배양에 두었다고 게재한 것을 참조할 때 실제 이는 의병조직에 근접한 단체로 볼 수 있기 때문이다.[81] 4월 말경 창의결의를 실천하기 위한 창립으로 보는 것이 옳다. 실제 이때 모아진 기부금이 이어진 연해주의병 창의의 밑거름이 된 것이다.[82] 여기서 '1908년 4월 말경 창의결의~5월 동의회 창립과 자금 확보~6월 말경 연해주의병의 창의'의 연계과 정이 정립된다.

(2) 연해주의병 창의대장 류인석

독립운동사료를 검토할 때 류인석은 연해주의병 창의과정에 참 여는 물론 창의대장에 추대되었다.[83] 연해주의병의 창의시기를 1908년 6월 하순경으로 추정할 때 류인석은 국내에서 잠시 연해 주에 건너가서 직접 창의에 참여했음을 여러 자료를 통해 알 수 있다. 그럼으로써 류인석은 창의대장에 추대될 수 있었다.

1908년 7월 5~10일의 홍의동전투洪儀洞戰鬪와 신아산전투新阿山戰鬪 의 기록은 6월 하순경 창의를 다시 확인해 준다. 창의 후 연해주 의병은 7월 초 두만강을 건너가서 7월 중순까지 중요한 전투에 참가했다는 증거이다.[84] 모두 휘하 대장들에 의한 전투이며 류인 석의 이름은 보이지 않는다. 전투는 부하 장수들에게 맡기고 류인

---

81) 황재문, 앞의 책, 201쪽
82) 황재문, 같은 책, 201~202쪽.
83) 국편, 「헌기 432」, 독립운동사료11-의병편4, 595~596쪽; 「헌기 441」, 『독 립운동사료』11-의병편4, 516쪽.
84) 이상근, 앞의 논문, 『의암학연구』2, 126~127쪽; 박환, 『시베리아 한인 민 족운동의 대부 최재형』, 역사공간, 2008, 109쪽.

석은 창의 후 바로 연해주를 떠나 7월 중순경에는 평안북도 초산에서 별도로 모병활동을 벌렸다.

홍의동전투는 1908년 7월 5일 연추를 출발하여 7월 8~9일경 두만강 하류를 건너 경흥慶興 남방 증산甑山에 침투한 전투로 전제익을 대장으로 좌군영장 엄인섭, 우군영장 안중근에 의해서 지휘되었으며 병력은 100여 명이다. 일제 침략군의 교통병 4명을 사살했다. 신아산전투는 경흥지방 신아산에 출병하여 7월 9일 일제 신아산 수비대를 기습하여 점령하고 10일 새벽 신아산 헌병분견대를 습격한 전투이다.

홍의동전투에서 승기를 잡고 그 후 신아산에 진입한 연해주의병 부대는 이후 내륙지방으로 행군하여 7월 18일 회령 남방 약 2km 지점까지 진격하였다. 회령까지 진출한 것으로 확인되는 부대는 동의군 계열의 전제익·안중근 부대, 창의군 계열의 김영선金榮璿·강봉익姜奉翼·우덕순 부대 등이다. 일제 측 기록에는 의병 수가 약 200명으로 나오지만, 러시아 측 자료에는 약 400명으로 기록되어 있다. 여러 정황으로 미루어볼 때 400명 정도 규모였던 것으로 추정된다.

안중근 부대를 비롯한 연해주의병은 회령會寧의 영산甁山에서 왜적과 전투를 치렀다. 그러나 불행하게도 그들은 왜적에게 7월 19일 참패하였다. 이후 연해주의병은 사방으로 분산되어 일부는 연해주로 귀환하고, 나머지는 무산 방면으로 남하하였다. 영산전투는 연해주의병이 수행한 국내진공의 마지막 전투로 기록되었다.85)

이와 같이 안중근을 중심으로 하는 일부 의병부대가 국내에 진
공하여 승패를 거듭하는 중에 류인석은 창의대장의 취임 후 국내
의 의병진을 독려하고 그들의 단결된 세력을 형성하여 연해주의
병과 협력을 시도한 근거가 여러 자료에서 나타난다. 특히 국내
의병장들을 모아 왜적과 결전하고자 한 의지는 아래 자료로서 입
증되며 국내의병장들의 시각도 국내에서 의병활동이 한계에 도달
했다는 인식을 같이 했다.

독립운동사료의 '1908년 8월 평안도 정보-헌기 441호'이다.

정보 일情報 一, 폭도수령暴徒首領 강본姜本 급及 이은찬
李殷賛은 그 후 철원군 부근에서 상회相會하여 내지에서
는 도저히 사事가 성成하지 못함을 탄嘆하고, 여如히 길
림성인 류인석하柳麟錫下에 도到하여 사事를 모謀코저 협
의하고 각기 유有한 부하 백 명을 해산하고 점차 길
림성에 내來할 것을 명하고 양명兩名은 7월 25일경 철
원 출발 길림성으로 향하였다고 한다.경로經路 불명

정보 일情報 一. 삼남지방의 폭도暴徒 즉 이인영李麟榮
급及 허위許蔿 등의 부하는 계속 강원도 회양군 부근을
통과하고, 또 황해도 급 경기도의 폭도는 황해도 토
산군 급 강원도 이천군 지방을 통과하여 간도 방면
에 지至하여 류인석의 부하인 이범윤의 당류黨類와 합
진合陣 한다고 하는 설이 있다.86)

---

85) 박환, 앞의 책, 84~85쪽.

연해주의병 지휘부 체계에서 늦어도 7월 이전에 류인석의 부하가 이범윤임을 밝히고 있다. 창의대장 류인석-부장수 이범윤 등의 지휘체계이다.

강원도 출신 강본姜本, 이은찬 의병장은 류인석이 길림성에 있다는 풍문을 들었거나 류인석의 지시에 따라 일단 부하 의병을 해산하여 각자 행동으로 류인석에게 가도록 녕령했는데 그 시기는 7월 25일 이전이다. 또 창의를 도모하기 위해서 7월 25일 이은찬 등이 떠났다는 이 기사의 내용은 류인석이 길림성, 연해주를 연해주의병의 중심으로 창의했다는 사실을 뜻한다. 또한 이인영, 허위 등 국내의병장들이 이범윤 의병진에 합류하려 한다는 풍문을 전하는 이 기록 역시 류인석의 연해주의병 창의 참여를 보여주는 기사이다.

이때는 류인석이 6월 말경 연해주의병 창의대장에 추대되고 평안북도에서 모병활동을 한 시기이다. 연해주의병진과 국내의병진이 연계하여 연해주의병이 국내에 진공하고 국내의병이 호응하고자 의병을 집결시키는 때이다. 그러나 이 계획은 국내진공의 의병진이 회령전투에서 실패함으로써 다시 재건의 단계에 들어갔다. 조창용의 『백농실기』에서 류인석, 이범윤, 안중근의 모금활동은 이 재건을 위한 과정에서 이루어진 것이다.[87]

『백농실기』는 조창용의 1905~1913년간 수기手記이다. 그가 정신이상이 된 1914년에 편찬되었음으로 독립운동사 자료로서

---

86) 국편, 「1908.8 평안도 정보-헌기 441」, 『독립운동사료』 11-의병편4, 516쪽.
87) 조창용, 「해제」, 앞의 책, 2~3쪽.

한계가 있다고 해제에서 적고 있다. 수기라는 것은 일정한 기간에 스스로 경험했던 일들을 종합하여 기록한 글이라고 볼 때 그 일정기간은 1905~1913년간이다. 이때 직접 목격한 사실도 있지만 남을 통해 전해들은 경험도 수기에 포함이 가능하다.

조창용은 1908년 5월 연해주 블라디보스토크에서 상해로 떠났다. 그러나 그 후 지인이나 다른 경로를 통해 들은 일도 이 수기에 기록될 수 있다. 더욱 그가 상해에서 장지연張志淵과 함께 『대동보大同報』를 발간하고, 또 1909~1911년에도 장지연의 권유로 진주晉州 경남일보에 들어가 언론인의 길을 걸었다면 연해주의 많은 정보를 얻을 수 있었을 것이다.

따라서 그가 떠나기 전 블라디보스토크에서 직접 본 일만을 기록한 것으로 보아 3인의 이 활동을 1908년 5월 이전의 일로 단정하는 것은 무리다. 다시 말하면 3인의 모금활동은 1908년 5월 조창룡이 블라디보스토크를 떠나 상해로 가기 전의 사건이 아니라 안중근이 국내 진공에서 패퇴한 후인 1908년 겨울이나 1909년 초 단지동맹 바로 전으로 보는 것이 옳다. 안중근은 1908년 4~5월 동의회 창립 때 최재형파의 일원으로 참석할 정도의 위상에 불과했을 뿐 이범윤과 대등한 지위는 아니었다. 7월 국내진공 때 그는 도영장 전제익 휘하의 우영장이었다.88)

이 연구에서 류인석의 1908년 5월 이전 행적을 살펴본다. 4월 초 한국을 떠났으며, 4월 말경 이범윤과 창의계획을 결의하는 블라디보스토크 회동에 잠시 참석하고 바로 5월 국내의 개천을 경

---

88) 황재문, 앞의 책, 201~203쪽: 안중근, 앞의 책, 64~67쪽 참조.

유 귀환한 기록으로 보아 3인이 함께 활동할 기회가 이 회담에서
만난 것밖에는 5월 이전에 없다. 이 회동에서 안중근은 류인석을
처음 만난 것으로 여겨진다.[89] 류인석이 도적에게 중상을 입은
일이 1909년 1월이다.[90] 그렇다면 3인의 모금 활동은 1908년
후반 이후 의병 재건과정에 있었던 일로 보는 것이 합리적이다.

　류인석은 4월 말경 창의결의에 참석한 뒤 국내에 들어왔다가
창의에 참어하기 위해시 바로 길림성에 돌아간 것으로 생각된다.
그가 6월 초 서울을 떠났을 가능성은 6월 초 서울에 돌아온 기록
이 문집에서 확인됨으로써 밝힐 수 있다.[91] 6월 초 서울에 돌아
온 뒤 8월까지 두 달 동안 기록이 사라진 까닭은 전후좌우의 상
황과 연결할 때 그가 연해주에 가서 의병창의에 참여했다는 증거
로 볼 수 있다. 더욱 음력 7월 러시아행 앞 평산 지역의 신재봉
조문이 그의 이 여정을 입증해준다.

　연해주의병의 창의와 관련하여 국내 유수한 의병장들이 거느린
부하 의병을 인솔하고 류인석 의병진으로 모이기로 한 기록을 해
석해 본다. 류인석이 연해주와 국내의병을 지휘하는 창의대장으로
서 그 지휘체제가 연해주는 창의대장총대장 류인석-부장수대장 이범
윤 등이며, 국내는 창의대장 류인석-각 지역담당 대장체제이다.
이 경우 길림성에 모이는 의병장들이 각 지역 대장의 직책을 담
당하기 위한 것으로 보는 것은 무리한 발상이 아니다. 류인석이
국내외 한국의병의 통합창의대장이 확실하다는 증거에 대해서는

---

89) 국편, 「공술」2, 『독립운동사료』7-안중근편2, 402쪽.
90) 류인석, 「연보」, 『의암집』인, 1909년 1월 11일조, 819쪽.
91) 류인석, 「연보」, 『의암집』인, 1908년 2월조, 817쪽.

다시 상세히 논증한다.

  그가 국내외 통합창의대장이라면 류인석이 1910년 2월 15일에 추대된 십삼도의군도총재의 직무는 사실상 1908년 6월 하순 창의 때부터 시작된 것으로 생각하며 이때 공적인 인정을 받은 것으로 해석하는 것이 합리적이다.92) 말하자면 연해주와 국내를 함께 지휘하는 통합창의대장이다. 독립운동사료에서 길림성에 모이기로 한 의병장이나 부하를 보냈다는 의병장들은 연해주에 있지 않고 국내에 있었다. 또 "류인석 휘하로 모여 거사를 도모하고자 협의하고 각기 데리고 있는 부하 백 명을 해산하여 각자 길림성에 올 것을 명령하고 … "의 내용으로 보아 연해주와 국내의병이 모두 모여 결전하겠다는 뜻이다.

  단편적인 해석이지만 류인석이 1910년 2월 15일 이전에 이미 한국의병의 통합창의대장임을 다시 확인한다. 류인석이 십삼도의군도총재에 추대되기 8일 전 이미 안중근은 1910년 2월 7일 일제 헌병대의 신문에서 김두성이 연해주의병의 총대장이라고 주장하고 있다.93) 물론 안중근이 자서전에서도 김두성을 연해주의병 총대장으로 거론했는데 같은 시기라고 짐작된다. 1909년 10월 26일 하얼빈의거 후 수감되어 먼저 자서전을 집필하고, 그 다음 『동양평화론』을 집필하는 중에 1910년 3월 26일 순국한 상황으로 자서전의 기록도 2월 7일 이전일 것으로 추측되며 역시 총재로 추대된 2월 15일 이전일 것이다.

---

92) 류인석, 「연보」, 『의암집』인, 1910년 2월 15일조, 822쪽.
93) 국편, 「공판시말서(제1회)-1910.2.7」, 『독립운동사료』6-안중근편1, 1976, 333쪽.

이 연구에서 김두성을 류인석의 가명으로서 창의대장이라고 논증했다면 당연히 그는 십삼도의군도총재 취임 전에 벌써 연해주의병 창의대장임으로 1908년 6월 연해주의병 창의 이후 계속 그가 연해주의병 창의대장이며 국내를 함께 지휘하는 통합창의대장임이 입증된다. 논리적으로 1910년 2월 15일 류인석의 십삼도의군도총재 추대에 앞서 2월 7일 미리 안중근이 류인석을 연해주의병 총대장이라고 지칭할 수는 없으며, 따라서 그는 이미 연해주의병 창의대장 자리에 6월 하순부터 있었음이 확실하다.

아래 독립운동사료로 참작할 때 류인석은 일단 연해주의병의 창의대장으로서 창의를 마치고 곧바로 국내에 잠입하여 국내의병진을 정비하는데 노력하였다. 연해주에 거점을 둔 의병진의 창의 목적이 국내진공에 의한 일제 침략자의 소탕과 주권회복이라면 국내의병진의 호응이 절대 관건이다. 이를 위해 많은 문인과 지인을 둔 류인석이 평안북도 여러 고을에서 모병과 모금활동을 실현하고자 하였다.

연해주의병이 두 가지 계통임을 참작할 때 '이범윤 등'에서 두 계통의 대장이 부장수이고 그 위에 창의대장으로 류인석을 생각할 수 있다. 이범윤 외 또 한 사람은 최재형일 수 있다. "김두성은 강원도 사람인데 실전에 참전하지 않았다"는 기사로 보아 류인석이 고령으로 부하 대장에게 전쟁의 지휘를 맡긴 것으로 추리된다.94) 두 계통은 최재형을 정점으로 하는 동의군同義軍 의병과 이범윤 세력이 주축이 되어 편성된 창의군倡義軍이다. 안중근은 동의

---

94) 윤병석, 『안중근 연구』, 국학자료원, 2011, 290쪽.

군을 이끈 핵심 인물 가운데 한 사람이었다. 우영장에 선임되었던 그는 좌영장 엄인섭과 함께 길주_{吉州}・성진_{城津} 현재 북한의 김책시 경무관 출신의 최고 지휘관 도영장 전제익의 휘하에 편제되어 있었다.[95]

앞에서 간략하게 다룬 1908년 7월 류인석에 관한 『통감부문서』의 기록들은 그가 연해주의병 창의 후 평안북도의 압록강 연변 초산에서 활동하고 있었음을 보여준다. 이 문서를 많은 연구자들이 일제의 정보자료로 가볍게 평가할 수 있으나 전후좌우를 통해 볼 때 그 사실의 가능성이 충분함으로 자료로 인용하였다. 즉, 6월 말경 류인석이 연해주를 떠나 7월 말경 황해도 평산에 들렀다면 7월 중순경 이 지역에서 보고된 『통감부문서』의 기록은 류인석의 동선_{動線} 움직이는 방향을 감안할 때 믿을 수 있는 자료이다.

이 기간 류인석이 연해주의병에서 활동한 근거가 문집에 빠져 있으며, 또한 그의 활동이 모호했던 시기이다. 따라서 류인석이 연해주를 떠나 남하하여 귀국하는 여정으로 보아 '6월 말경 연해주 출발~7월 중순경 평안북도 초산 등지를 경유~7월 말경 평산 경유~8월 초순 서울 도착'으로 합리적인 동선으로 생각된다. 이를 신뢰한다면 평안북도 초산에서 그는 모병과 모금활동으로 국내의병의 호응체제를 확실히 다지고자 의도한 것이다.

『통감부문서』 5의 '의주경찰서의 보고 정보-기밀통발 940호'이다.

적괴 류인석이 마적과 내통하고 폭도를 선동한 건

---

95) 박환, 앞의 책, 79~80쪽.

에 관하여 별지 사본과 같이 의주경찰서장으로부터
전보가 있었음으로 동 지방 사정에 관하여 특히 주
의하시도록 이에 말씀드립니다.96)

류인석의 동태를 파악한 정보로 사본 2부를 첨부하였다. 의주
경찰서장이 조선 통감부의 장관대리 앞으로 초산에서 보고된 정
보를 첨부하여 보고히였다. 이 세 보고서는 류인석이 초산에서 모
병 활동 중임을 증명할 수 있는 정보이다.

**1908년 7월 24일자의 '별지1'은 의주경찰서장이 통감부국장에
게 보낸 전문 사본이다.**

별지 일別紙 — 적괴 류인석은 현재 초산군 내 청국
국경을 배회하면서 마적과 내통하며 열심히 폭도를
선동 모집하고 있는데, 모이는 자가 1,000~2,000명
으로 인민 소요가 예측된다는 보고가 있다. 초산 분서
의 조사를 명한다.97)

류인석은 1908년 7월 평안북도 초산에서 의병을 모집하고 있
었음이 확인된다. 보고 일자가 7월 22~25이면 류인석의 실제 활
약 시점은 7월 중순경이 가능하다. 그렇다면 6월 말경 연해주의
병 창의 후에 안중근이 국내진공으로 두만강을 건너 전투 중인

96) 국편, 「기밀통발 940」, 『통감부문서』 5, 152쪽.
97) 국편, 「1908.7.24 폭도 건-전문電文」, 『통감부문서』 5, 1999, 152쪽.

것을 감안할 때 평안북도 압록강 연변에서 청나라 국경과 초산군을 왕래하며 의병진에 참여를 군민들에게 독려한 내용이다.

또 같은 『통감부문서』 5권에서 역시 초산군을 중심으로 활동 중인 류인석의 동태에 대해 '별지2'의 문서로 보고한 정보다.

> 별지 이別紙二 요사이 평안북도 창성昌成군으로부터 돌아온 한국인의 말에 의하면 적괴 류인석은 현재 평안북도 초산군 내 청국과의 국경을 배회하고 있으며, 러시아 재류 한국인의 후원을 바라며 청국 마적과 내통하며 열심히 폭도를 선동 모집하고 있다고 한다. 그리고 내회하고 있는 자가 약 3,000여명에 가깝고 동 지방인민은 가까운 장래에 일대 소요가 있을 것임을 예기하고 있다고 한다.98)

앞의 내용과 비슷한 정보이나 2일이 빠르다. 이 경우 실제 그의 모병 활동과 경찰이 수사한 내용을 종합하여 보고한 시점의 시간적 차이를 감안할 때 류인석이 초산을 경유한 때는 앞의 설명과 같이 7월 중순경으로 추정할 수 있다.

세 자료가 갖는 특별한 의미는 류인석이 평안북도 압록강 연변 초산에 출현한 것이 사실임을 밝힌 것이다. 신병 때문에 국내의 여러 곳을 옮겨 다니며 숨어 지내다가 연해주에 망명했다는 선행연구가 잘못임을 알려주는 기사이다. 그의 잦은 칭병은 어떤 면에

---

98) 국편, 「1908.7.22 폭도 건-헌기 97」, 『통감부문서』 5, 1999, 152쪽.

서는 원활한 의병활동을 위한 눈속임의 계략일 가능성도 간과해
서는 안 될 것이다.

『종의록』에는 류인석의 신병身病이 자주 기록되어 있다. 70세
에 가까운 그가 노환이 자주 있을 수 있다. 류인석이 중병을 핑계
로 일제의 눈을 피하려 했을 것이라는 근거를 러시아로 망명하면
서 지은 시 '北海舟中作북해주중작'에서 찾아본다. '裝病一身小장병일신소
揚帆萬里輕양범만리경'은 "병을 핑계한 초라한 내 모습, 돛 올려 만
리 길 떠나니 마음 가볍네"로 뜻을 새길 때 신병 중이라고 풍문
을 흘려 활동을 위장하였을 것으로 판단된다.[99]

따라서 그가 1908년 7월 중순경 압록강 연변 초산에서 활동한
근거는 선행연구에서 그가 국내에서만 의병활동을 하다가 1908
년 가을 연해주 블라디보스토크를 통해 러시아에 들어갔다는 내
용의 의구심을 해명하는 또한 근거가 된다. 일본 통감부가 이와
같이 중복적으로 류인석의 동태를 보고한 것에서 그의 초산에서
의 모병활동이 사실임을 증거 한다.

독립운동사료로 미루어 볼 때 창의 후 귀로의 추정은 평안북도
의 압록강 연변에서 활동하였으며, 그 목적은 의병의 모집임으로
그의 귀국여정 중에 계속된 것이다. 그런 경우 평안도 용천에서
옥산재, 개천에서 숭화재를 열어 문인을 가르친 인연이나, 황해도
평산 산두재에서 문인을 양성했던 경험에서 이곳들 중 어느 곳의
경유와 모병활동이 가능하다. 특히 '哭申在鳳곡신재봉'은 평산 경유를
확실하게 증거해 주는 기사이다.

---

99) 이정규, 앞의 책, 187쪽: 류인석, 「권2 시」, 『의암집』 천, 171~172쪽.

류인석이 창의대장으로 추대되어 연해주의병진을 이끌어간 이
동경로에 대하여 살펴본 앞의 글을 요약 추리한다. (1908년 6월
초 연해주의병 창의를 목적으로 서울을 출발)~6월 말경 연해주에
서 한국의병을 창의하고 창의대장으로 추대 받음~7월 15~20일
경 초산에서 모병활동~7월 말경 평산에 들려 신재봉을 조문~(7
월 말~8월 초 서울에 귀환)이다. 괄호 안의 글은 추정한 내용이
다.

(3) 류인석의 연해주 망명과 의병활동

류인석이 1908년 음력 7월 연해주로 망명했다고 하나 연구자
에 따라서는 다른 견해도 있다. 류인석의 친자인 류해동 조차도
류인석이 1908년 음력 2월 연해주에 간 것으로 진술하였다.[100]
그러나 「의암류선생약사毅菴柳先生略史」에는 '戊申 秋무신 추'로 달리 기록
하고 있다. 이와 같이 서로 다른 내용에서 기록에 대한 신빙성에
의문을 가질 수 있다. 같은 사람이며, 친자의 기록도 일정하지 않
다면 더욱 자료를 세밀하게 분석하고 해석할 필요가 있다.

류해동의 「의암류선생약사」의 기록을 살펴본다.

때에 경무기관警務機關에서 동정動靜을 사찰査察하매 상
경하야 이제억씨李濟億氏 가家에 밀처密處하야 양기탁梁起鐸
1871~1938 · 조성환曹成煥   1875~1948 · 안창호安昌浩 · 이갑李甲
1877~1917 등과 연락을 취取하야 국사를 논의하나 밀망密

---

100) 조동걸, 앞의 논문, 앞의 책, 11쪽.

網에 쌔여 활동부득活動不得인 중 본제本第에서는 왜적에
습격을 당하여 친제親弟 하석夏錫과 문생門生 신봉균申奉均
이 흥봉하刃鋒下에 절명絶命되고 자子 해동은 여장女裝으로
겨우 빠져나 당처사고當處事故를 주달走達하니 선생이 더
욱 분통忿痛하야 무신 추에 아령俄領에 망명하야 「관일
약貫一約」을 세우고 『의병규칙義兵規則』을 제정하야 수
천數千 중의지사忠義之士를 단결하니 중衆이 십삼도의군도
총재十三道義軍都總裁로 추대推戴하매 …101)

 위 내용은 1907년부터 1910년까지의 간략한 기록 중 일부이
다. 1907년 8월경 류인석은 이제억의 집에 은신하였다. 이때 그
를 옆에서 도운 사람은 이정규, 김낙원, 김형전 등이며, 장자 류제
함과 차자 류해동도 시중들었다.102) 그해 10월 친제 류하석과 문
인 신봉균이 참화를 당하였다.103) 이 사실을 류해동에게서 듣고
류인석은 국내에서의 의병활동이 한계에 이르렀다는 사실을 알았
으며 드디어 연해주 망명을 결심한 것으로 기록하고 있다.104)
 그러나 여기서 말하는 망명의 결심은 단순히 몸을 국외로 피하
는 도망이 아니며, 류인석이 구상한 연해주에 국외진지를 건설하

---

101) 류해동, 「의암류선생약사」, 필사본유연창 소장, 일부 발췌.
102) 류인석, 「연보」, 『의암집』인, 1907년 8월조, 816쪽. 류인석은 늦도록 사
  자嗣子를 두지 못하여 삼종제 류의석柳毅錫의 아들 류제함柳濟咸을 양자로 들였
  는데 뒤에 친생자 류제춘柳濟春을 두어 두 아들이다.(류인석, 「연보」, 『의암
  집』인, 1887년 6월: 1890년 11월조)
103) 류인석, 「연보」, 『의암집』인, 1907년 10월조, 816쪽. 신봉균申鳳均과 「의암
  류선생약사」의 신봉균申奉均은 같은 사람이다.
104) 조동걸, 앞의 논문, 앞의 책, 39쪽.

여 북계와 연계하려는 계획임을 알 수 있다.105) 이전 그가 한식
날 밤 지은 한시에서 자신의 운명을 고난 속에서도 희망은 찾는
『주역』의 둔괘에 비유한 것이 이 계획과 같다. 1908년 1월부터
이 계획의 실천에 들어갔고, 연해주를 왕래하며 연해주의병의 창
의를 주도하고 창의대장에 추대되어 의병전쟁을 지휘하였다.

류인석이 언제 서울을 떠나 연해주에 망명했나를 가장 근접하
게 알 수 있는 문집 외의 자료로서는 독립운동사료의 '1908.12.
평안도 정보-헌기 1079호'이다. 이 기사는 류인석이 서울을 떠나
8월 20일경 원산에 도착한 사실을 보여주고 있다. 이에 비추어
볼 때 류인석이 서울을 출발한 때는 8월 10일경으로 추정된다. 7
월 말경 연해주로부터 서울에 도착하여 잠시 주변을 정리하고 떠
난 것으로 여겨진다. 이때 잠시 머문 곳이 이제억 가가 아닌가 추
정되며 왜적의 핍박을 더 이상 견디기 어려웠던 것으로 추측된다.

이 '헌기 1079호'의 기록은 문집에서 "7월음력 서울을 출발하여
러시아 땅으로 들어가 블라디보스토크 항에서 머물렀다"는 기록
과 일치한다.106) 친자 류해동이 「의암류선생약사」에서 언급한
'무신 추'와도 일치한다. 또한 독립운동사료에서 초산의 모병활동
이 7월 중순경이라면 7월 말경 귀국하여 8월 10일쯤 출발이 가
능하다. 즉, '6월 말경 연해주 출발~7월 중순경 초산 경유~7월
말경 평산 신재봉 조문~8월 초순경 서울 도착~8월 10일경 서울

---

105) 그 후의 일이지만 다음 해 7월 연해주행을 결행할 때 류인석은 "나의 입북
은 피란하려는 것이 아니라 각처 의병을 성원하기 위해서다"라고 이정규에
게 말하였다.(이정규, 앞의 책, 187쪽)
106) 류인석, 「연보」, 『의암집』 인, 1908년 7월조, 817쪽.

출발~8월 20일경 원산 경유~9월 10일 추석 전 블라디보스토크 도착'의 모든 일정이 근거 자료와 일치하며 매우 합리적이다.

이정규의 『종의록』에 실린 음력 5월 28일6월 26일의 망명시기와 많은 차이가 있다. 『종의록』에는 "다음해1908 5월음력이 되어서야 병환이 좀 나으시어 비로소 집과 뜰을 오르내릴 수 있게 되었다. 5월 28일 부산 동래에서 적의 배를 타고 해삼위에 이를 계획이었다"로 망명 일자를 구체적으로 기록하였다. 또 교통편과 경과 지명까지도 상세히 기록하고 있다.107) 이러한 상세한 기록에도 불구하고 류인석의 러시아 망명시기를 『종의록』에 근거하여 6월로 추정하는 것은 합리적이라고 보기 어렵다.

가장 정확한 것 같은 류인석의 일정에 대한 이정규의 기록이 류인석과 친자의 기록에 두 달이나 앞선다면 류인석의 안전을 위해 출발일자를 가장했을 수 있다는 추측이다. 또 "이를도착할 계획이었다"라는 원문의 해석으로 보아 출국을 연기했으나 『종의록』에 그대로 기록했을 수 있다. 독립운동사료의 8월 20일경 원산 기착을 참조할 때도 출발일자인 6월 26일음력 5월 28일은 동래~원산에 두 달 가까이 소요되었음으로 맞지 않다.

'헌기 1079호'에는 몇 가지 중요한 내용이 포함되어 있다. 류인석의 활발한 모병활동 능력이다. 이는 그가 창의대장으로 추대될 수 있는 충분한 자격과 관련되는 사항이다. 차병률은 류인석의 문인임으로 유학자 의병이다. 또 류인석의 심복임을 감안할 때 의병진의 비밀을 알 수 있는 사람이다. 할복을 생각할 정도의 자괴감

---

107) 이정규, 앞의 책, 187쪽.

을 가졌다는 것은 일제 수사기관의 고문을 견디지 못하여 의병의 여러 사실을 실토한 것이다.

류인석이 연해주에 건너가 3,000명의 의병을 모집하고 훈련시키고 있다는 보고의 내용은 당시 연해주 거주 한인 수를 생각할 때 과장된 듯하다. 그 중 함경도 출신이 1,600명으로 가장 많다. 지리적으로 연해주와 함경도가 가깝다는 이유도 있겠지만, 그가 구상한 연해주의병의 국내진공과 이에 호응하는 국내의병의 협동작전이 성공하려면 지리에 밝은 장병의 모집이란 관점도 중요할 것이다. 또 그의 문인이 관서지방은 물론이지만 관북에도 많았다는 사실을 증거 한다.

충청도 출신이 800명이라는 내용은 류인석의 국내의병 거점이 충청북도 제천이란 관점에 확증은 없지만 상당한 개연성이 있다. 강원도는 류인석의 출신지역으로 600명이다. 연해주에 류인석을 추종하여 내회하고자 한 이은찬은 강원도에서 창의한 의병대장으로 강원도 출신의 의병들을 보냈을 수 있다. 그보다도 류인석을 추종하고자 연해주행의 뜻을 가진 의병장들이 모두 류인석 휘하의 장수들이었다는 경력으로 모병에 큰 도움이 되었을 것이다.

문집과 독립운동사료를 근거할 때 류인석은 원산을 경유하여 연해주로 향하였다. 원산에서의 의병활동이 8월 20일경이라면 블라디보스토크 도착은 9월 10일 추석 전이 가능하다. 추석을 블라디보스토크에서 보내며 지은 한시를 참조하면 이 과정이 적합하다.108) 이때 문인 61명이 전후로 따라 연해주에 갔는데, 대부분

---

108) 류인석, 「권2 시」, 『의암집』 천, 172쪽, 戊申秋夕在海港 拈杜詩小寒食韻

이 평안도 출신이며 평산을 비롯한 황해도 출신과 함경도 출신들이 다수이다. 곧 이어 본생가의 조카 류제승柳濟昇과 두 아들 류제함, 류제춘이 따라 왔으므로 전체 64명이 종행하였다.109)

전후로 종행한 문인 61명 중 관서, 관북, 해서 출신 39명은 앞에서 기술했음으로 나머지 22명을 기록한다.

김재수金載銖, 김병한金秉僩, 정인설鄭寅卨, 김상흥金商興, 박문선朴文璿, 백진해白鎭海, 김영섭金榮燮, 인종석安鍾奭, 이병태李炳台, 이석기李錫驥, 허승열許承烈, 백숭제白崇濟, 성시원成時源, 김성용金性龍, 변완규邊完奎, 박재눌朴載訥, 정승규丁承奎, 한상열韓相說, 이철수李哲洙, 안수만安壽萬, 방서봉方瑞鳳, 강규복姜圭復이다.110)

류인석은 8월 10일경 동래를 떠나 추석 전에 블라디보스토크에 도착했는데 추석 이후 연추에 정착하기까지 상당한 시일이 걸렸다. 그 이유는 4월 20일 부산을 떠나 19일간의 항해 끝에 5월 9일 이미 블라디보스토크에 도착하여111) 의병에 참여한 영남유생 이대하李大夏와 심설心說 강론에 따른 토론과 그 결과의 수록 때문이다. 이 기사로 볼 때 부산 동래~블라디보스토크의 항해 일정이 20일쯤임을 알 수 있다.

이대하는 영남 굴지의 조선 말 유학파의 한 주류인 한주학파寒洲學派를 창시한 이진상李震相 1818~1886의 아들 이승희李承熙 1847~1916의 다른

_____

同李剛齋承熙及諸少友共吟무신추석재해항 넘두시소한식운 동이강재승희급제소우공음.
109) 류인석, 「연보」, 『의암집』 인, 1908년 8월조, 818쪽.
110) 류인석, 「연보」, 『의암집』 인, 1908년 7월조, 817~818쪽.
111) 김희곤, 「경북유림과 독립운동」, 경인문화사, 2015,304쪽

이름이다.112) 이진상-이승희-이기원李基元 1885~1982 3대는 모두 이름 난 유학자이며 특히 이대하는 독립운동가로서 심산心山 김창숙金昌淑 이 그의 제자이다.113)

이대하의 한주학파는 퇴계학파와 학문적 계보를 같이 하여 철 저한 주리론主理論으로 심즉리설心卽理說을 주장했으며 대외세관에서 위정척사를 가장 강력하게 주장한 학파이다. 류인석이 류중교柳重教 1832~1893의 주장을 따라 심주리주기心主理主氣 논쟁에서 심주기설心主氣說 의 입장을 견지했다.114) 이는 류인석이 화서학파이면서도 학파의 심주리설과 다른 것이다. 강론에서 의견이 일치하지 않을 만큼 논 쟁이 있었다면 성리설의 입장에서 이대하와 류인석 간에 심설에 대한 견해 차이의 논쟁이며 심주리와 심주기 논쟁으로 여겨진다.

류인석이 강론 결과를 수록하여 『해항海港 블라디보스토크 강록講錄』을 만드는데 시간이 소요되었다.115) 따라서 연추 정착은 9월 하순경 으로 추측된다. 이때 심설논쟁은 평범한 학문적 논쟁이기보다는 창의에 대한 성리학적 명분논쟁으로 생각된다.

류인석은 블라디보스토크에서 추석을 지내고 연추의 중별리에 정착했다. 그곳에서 최재형과 이범윤을 만나 의병의 재건에 대하 여 논의하였다.116) 문집에는 이 부분에 대해 단지 이범윤, 최재

---

112) 인터넷 정보, 「이승희」, Daum 통합검색.
113) 금장태, 『한국유학의 탐구』, 서울대학교 출판부, 1999, 197쪽. 인터넷 정 보, 「이진상」, 「이승희」, Daum 통합검색.
114) 배종호, 『한국유학사』, 연세대학교 출판부, 1983, 290~291쪽: 금장태, 앞 의 책, 198~201쪽.
115) 류인석, 「연보」, 『의암집』인, 1908년 7월조, 817쪽,
116) 류인석, 「연보」, 『의암집』인, 1908년 8월조, 818쪽.

형이 의병을 모아 국내에 진공한 내용을 간단히 기록하고, 문인 박치익을 보내 이들에게 군자금을 전달한 것만으로 소략하게 기술하였다.117) 또 수청水淸에서 의병들에게 격려문을 보낸 것과118) 「의병규칙義兵規則」을 제정하여 지휘체계와 운영체계를 바로 잡아 이범윤 부대를 도와주는 일만을 기록하고 있다.119) 그 외 「관일약」이라는 모임을 결성하여 애국愛國, 애도愛道, 애인愛人 정신으로 인심을 하나로 통일시키고자 하였다.120)

아래 기록에서 류인석이 국내를 떠난 1908년 9월에도 국내의병의 창의대장 직책을 겸하고 있다. 그러면 이대하와 심설 강론을 끝내고 연추에 정착하기 전에 이미 류인석이 국내외 통합창의대장의 이름으로 연해주에서 현지 의병진의 지휘는 물론, 국내의병진을 지휘하고 있음이 확인된다. 그 시작은 6월 말 창의시기로 소급되는 창의대장이다. 류인석이 연추에서 이범윤, 최재형과 만나고 정착한 때를 감안하면 그가 블라디보스토크에서 9월 10일 추석을 보낸 이후 이대하와 심설 강론에 시간을 지체한 후 그곳에 도착했음으로 빨라도 9월 하순이다.

독립운동사료의 기사 '1909년 3월 충청남도 관찰사의 보고 자료 -충남경수 188호'이다. 한문 글은 통문通文 내용이다.

유순조劉順早는 일찍이 폭도 일부暴徒 一部의 수괴首魁가

---

117) 류인석, 「연보」, 『의암집』 인, 1908년 8월조, 818~819쪽.
118) 류인석, 「연보」, 『의암집』 인, 1908년 9월조, 819쪽.
119) 류인석, 「연보」, 『의암집』 인, 1908년 10월조, 819쪽.
120) 류인석, 「연보」, 『의암집』 인, 1909년 7월조, 820쪽.

되어 각처各處를 배회徘徊한 자者로 주의수배중注意手配中이
던 바 … 차此를 체포 취조逮捕 取調한 바 … 기 부하其 部下
로 판명判明된 온양군溫陽郡 생生 조광화趙光華 외 구명九名은
목하 수사 중目下 搜査 中이라고 한다. …

　추이 별지기재追而 別紙記載의 대장 류인석柳麟錫 외 이명二
名은 경기도군면미상에 거주하는 자인 모양이나 본인 등
은 일면식도 없는 자로 통문通文과 여如함은 우 조광화右
趙光華로부터 수受한 지旨에 진술하였다 한다.

　(通文) 韓參政宅 打租五十石 倡義所執留任置事한참정댁
타조오십석 창의소집유임치사 戊申十一月 初八日 舍音 崔羽榮 私
通무신십일월 초팔일 사음 최우영 사통 … 통문 생략 … 戊申무신 九月구월
日일 倡義大將장의대장 柳麟錫류인석,, 鄭容大정용대. 召募將소
모장 朴萬洙 박만수 一. 各道各邑結錢收捧興利者軍律施行
事일. 각도각읍결전수봉흥리자군율시행사 一. 各面各洞削髮者軍律施行
事일. 각면각동삭발자군율시행사 一. 各洞各里報先者軍律施行事일. 각
동각리보선자군율시행사一. 各浦載穀者軍律施行事일. 각포재곡자군율시행
사121)

　관찰사 최정덕崔廷德이 의병장을 포로로 잡아 얻어낸 정보를 내부
대신 박제순에게 보고한 문서이다. 소규모 부대 의병장으로 보이

---

121) 국편, 「폭도수괴 체포건 예산군 금평면 하현동-충남경수忠南警收 188」, 『독
　　립운동사료』 13-의병편6, 547~548쪽.

는 유순조를 취조하는 과정에서 함께 잡힌 부하 조광화로부터 수취한 통문 내용이다. 의병지휘부 구성이 창의대장 류인석·정용대-소모장 박만수로 된 문서로 의금출연을 독려하고 있다. 창의대장은 류인석이며 통문의 작성 시기인 1908년 9월은 그가 연해주에 도착하여 연추 중별리에서 이범윤, 최재형과 만날 때이다.

'무신戊申 구월九月 창의대장倡義大將 류인석柳麟錫'이 갖는 의미를 자세히 분석해 봄으로써 그가 국내외 창의대장을 겸한 통합창의대장이었다는 사실을 다시 확인할 수 있다. 1908년 9월 류인석의 행적은 그가 8월 10일경 서울을 떠나 부산 동래를 출발하여 한국 땅을 떠났을 것으로 추정된다면 이미 국내에 있지 않았다. 통문의 작성 시기인 9월에 연해주에 망명하여 국내에 있지도 않은 류인석이 상식적으로 보아도 국내의 의병을 지휘하는 창의대장일 수는 없다. 또 없는 사람을 거짓으로 세워 의병을 지휘하는 창의대장으로 통문에 기재하지는 않았을 것이다.

이 경우 9월 연해주에 있으면서 국내의병진에 명령을 보냈다면 연해주의병의 창의대장이면서 국내 창의대장을 겸한 직책으로서만 가능하다. 그가 연해주의병 창의대장의 직책만을 담당했으면 연해주의병에 한해서 명령이 가능하고, 국내의병 창의대장의 직책에 한정되었으면 국내의병에게만 명령이 가능하다는 것은 의병지휘체계의 상식이기 때문이다. 따라서 '창의대장 류인석·정용대-소모장 박만수'의 통문이 국내의병진의 지휘체계를 기록한 것이라면 류인석은 1908년 9월 이전부터 연해주와 국내의병을 모두 지휘하는 통합창의대장이다.

1908년 9월에는 연해주의병 창의가 없었고, 국내진공 의병이 7월 19일 회령전투에서 패전한 뒤 의병진의 재건에만 전력한 때이다. 그렇다면 1908년 8월 함경도 정보 '헌기 450호'와 8월 평안도 정보인 '헌기 441호'에서 류인석의 연해주의병 창의에 따른 창의대장 직책은 1908년 6월 말 창의 때부터로 볼 수 있다. 류인석은 1907년 7월 정미칠조약丁未七條約의 강제 체결을 듣고 일제와 싸울 의병을 일으킬 계획을 세웠으나 주변의 만류로 중지하였음으로 이 계획만으로 창의대장이 될 수는 없다. 이때 여러 의병장들이 창의한 것을 듣고 각도의 창의소에 격문을 보내 격려했을 뿐이다.122)

연해주의병의 창의목적이 국내에 진공하여 국내의병과 협동작전을 전제로 했다면 국내외를 아울러 지휘할 수 있는 창의대장이 필요하다. 따라서 귀로에 국내의병진을 정비한 후 곧 바로 연해주에 망명하여 1908년 6월에 추대된 국내외 통합창의대장 자격으로 연해주의병진과 합류했다는 의미로 보는 것이 옳다.

정용대는 경기도 일원을 중심으로 창의한 의병장이다.123) 참정대신 한규설韓圭卨 1848~1930이 도지로 받아드린 50석을 마름 최우영이 몰래 빼돌려 창의소에 전달한 일을 이 보고에서 문제 삼고 있다. 그러나 한규설이 마름을 시켜 의군에게 몰래 보내준 의연금으로 보는 것이 합리적이다. 한규설은 참정대신으로 을사늑약 체결에 끝까지 반대했으며 조약체결 후 파면되었다. 한일합방 후 일제

---

122) 류인석, 「연보」, 『의암집』인, 1907년 6월 13일조, 815쪽: 8월조, 816쪽.
123) 국편, 「1908.9 경기도 폭도 내습의 건 보고-인경비仁警秘 363」, 『독립운동사료』12-의병편5, 3쪽.

의 남작 작위男爵 爵位를 거절한 항일애국자로 보아 의병을 도우려 했다는 것이 옳다.124)

이때 류인석은 이미 국내외 한국의병의 창의대장으로, 그의 지휘 아래 연해주에는 부장수로 이범윤 등이며, 국내에는 지역별 의병장을 부장수로 둔 것으로 추리된다. 즉, 창의대장 류인석과 함께 창의대장으로 정용대를 거론한 것은 국내 경기도 의병진의 지휘체계를 말한 것이며, 각도마다 유사한 의병진이 있었음을 보여준다. 여기서 류인석과 정용대가 동급의 창의대장이기보다는 분명히 총대장-부대장의 상하관계일 것은 여러 근거에서 추리된다. 뒤에 논의하는 김두성이 팔도총독八道總督이란 의미와 연결지을 때 김두성이 류인석의 가명으로서 창의대장이면 8도에 각각 정용대와 같은 휘하 대장이 있을 수 있다.

실제 국내에서 창의경험을 가진 허위, 이인영, 이은찬 등은 류인석 휘하에서 의병활동을 했던 의병장들임으로 국내진공 때 그들에게 지역대장의 임무를 부여하기 위해서 길림성에 모이거나 부하를 합류시키기로 한 것으로 본다. 국내의 지역별 의병진과 별도로 연해주의병진을 이끈 부장수로서의 대장은 '이범윤 등'임으로 이범윤 외에 최재형이 포함된 것이며, 그 아래 실제 전투를 지휘하는 소규모 단위 지휘관으로서 안중근 등이 포함되었고, 1908년 7월 국내진공에서 이 사실이 드러났다.

연해주에서 류인석의 의병활동은 『백농실기』에서도 찾아볼 수 있으며, 이 기록의 류인석은 이범윤과 대등한 입장으로 보이지

---

124) 한국인명대사전편찬실 편, 『한국인물대사전』, 신구문화사, 1995, 987쪽.

만 실제 그가 이범윤을 부장수로 둔 연해주의병진의 창의대장임을 '헌기 441호'에서 밝혔다. 또 1910년 2월 십삼도의군도총재를 류인석이 왕실의 근친인 이재윤李載允 1849~1911에게 맡기려 하였다. 그가 불참하여 류인석이 그 자리에 올랐다고 말하나 이미 류인석이 1908년 6월 이후 가졌던 같은 직책이다.

　문집에는 류인석의 연해주의병 창의와 관련 있는 1908년 4~5월, 6~7월 두 차례의 연해주 출행과 이와 연관된 창의과정이 모두 빠져 있다. 또 선행연구는 이 부분을 소홀히 다루었다. 그 이유는 일제 수사기관의 정보자료는 모두가 근거 없이 작성되었을 것으로 보아왔던 독립운동사료 취급의 관행에서이다. 독립운동사료가 자료로서 전혀 가치 없는 기록임을 가상하는 것이다. 이 경우 독립운동사료 등을 기본 자료로 한 모든 연구는 허구의 논리라는 모순에 빠지게 된다. 그러면서도 연구자들이 종종 독립운동사료를 인용하는 뜻은 이율배반적이다.

　그러나 이 연구의 논증 과정에서 보았듯이 과장된 부분도 있겠지만 일정에 맞게 일목요연한 '헌기 432호 등' 특정 독립운동사료를 연구의 기초자료로서 외면할 수는 없다. 류인석과 연관된 일이 없는 사실을 억지로 있었던 것처럼 만든 자료라면, 자료와 자료의 연결에 뒤틀림이 있어야 하고, 문집과 연결도 모순이 있어야 하나 대부분 연관성이 정연하다. 오히려 문집의 오류나 윤색에 비교할 때 훨씬 정확하고 치밀한 기록이다.

　반면, 이정규의 『종의록』은 류인석의 모든 행동을 바르게 기록하기 어려운 여러 난점이 있었을 것이다. 지친에게도 그 행적을 알릴 수가 없었음으로 아무리 신뢰하는 관계일지라도 타인에게는 더욱 행적을 숨길 수밖에 없었기 때문이다.125) 그 이유는 큰 상금에 눈이 어두워 배신하는 경우와 잡혔을 때 고문을 견디지 못하여 토설하는 경우를 우려했을 것이 분명하다. 따라서 지극히 보안을 유지하기 위해 점조직이나 극소수의 밀사를 통한 연결일 것이다.

한께 종행했던 두 아들도 창의 후 연해주에서 합류했음으로 창의과정을 상세히 알 수 없다. 오히려 부자간에도 직접 보고 들은 것 외에는 비밀로 했기 때문에 서로 아는 사항을 공유하는데 한계가 있는 것이 생사를 넘나드는 의병전쟁에서의 실상이다. 실제 「의암류선생약사」에서 연해주의병 창의에 관한 기록을 발견할 수 없는 이유가 자식에게도 부친의 활동이 비밀에 부쳐졌기 때문으로 본다. 그렇다면 아무리 측근이라도 류인석의 은밀한 행방을 모두 파악할 수 없으며 이정규의 경우도 예외는 아니다. 『종의록』에 기록된 내용이 가질 수 있는 정확성의 한계이다.

문집의 발간과 관련하여 만주의 일제 지배과정을 살펴본다. 1899년에 일어난 의화단 사건의 수습과정에서 일본, 독일, 영국, 미국, 프랑스 등 열강이 관여하였다. 그러나 이들이 철수한 후에도 러시아는 동청철도東淸鐵道를 보호한다는 명분으로 많은 병력을 만주에 주둔 시키고 1904년까지 만주의 지배권을 장악하였다. 그러나 이와 같이 러시아의 세력권에 있던 만주는 1904년 2월 러일전쟁의 발발과 이듬해 일제의 승리로 완전이 그들의 지배 아래

---

125) 이정규, 앞의 책, 186~187쪽.

들어갔다. 치안 능력을 오래도록 상실한 무기력한 청나라가 신해
혁명辛亥革命에 의해 1912년 멸망 후 일제에 의하여 강화된 규찰은
연해주의병 창의의 근거를 문집에 기재하기 어려웠을 것은 당연
하다.126)

그러나 문집에 기록이 없다고 독립운동사료의 기록 모두를 불
확실하고 불필요한 것으로 간과하는 것은 더욱 잘못된 자료의 취
급이다. 물론 연구에서 자료의 취사선택 문제는 연구자의 주관이
며 그 재량은 연구자의 양식에 속한다. 그러나 상황의 특수성을
감안하지 않은 잘못된 자료의 선택은 잘못된 결론을 도출할 수
있다는 우려는 지적하지 않을 수 없다. 그런 의미에서 연해주의병
연구와 류인석의 연구에 관하여는 그동안 자료의 이용에서 소홀
히 취급한 독립운동사료가 사실적 가치가 있는 자료라는 검증과
그 결과의 수용은 중요하다. 이런 경우에 연해주의병사의 새로운
면모가 들어날 것으로 믿는다.

이 연구에서 볼 때 여러 가지 이유로 연해주의병에 관한 많은
기록이 문집에 누락되었을 가능성을 여러 번 설명했다. 누락된 이
유와 범위가 확인되었다면 누락된 연해주의병 자료들을 문집에
보충하여 더욱 사실적이고 충실한 문집으로 재편하는 일은 발전
적인 작업이다. 이런 방향으로 연구가 이루어질 때 한국독립운동
사, 한국의병사에서 류인석은 한 단계 품격이 더 상승된 명망 있
는 의병장으로 거듭날 것이다.

2) 류인석의 가명으로서 총대장 김두성

---

126) 진단학회 편, 「현대편」, 『한국사』, 을유문화사, 1974, 895~908쪽.

안중근은 하얼빈의거 후 연해주의병의 총대장은 김두성이며 그
는 강원도 출신으로 전직 의병장이라는 내용으로 진술했다. 또 그
의 부하로 있었던 여러 의병장들을 거명했다. 이 연구에서 총대장
김두성의 실체를 밝히는 효과를 살펴본다.

안중근 자서전과 독립운동사료에 실린 자료 내용이다.

> 그 때 김두성金斗星과 이범윤李範允 등이 모두 함께 의
> 병을 일으켰다. 그 사람들은 전일에 이미 총독總督과
> 대장大將으로 피임된 이들이요, 나는 참모중장의 직책
> 으로 피선되었다.127)

> 의군 총대장은 강원도 김두성金斗星인데 그 부하는
> 각지에 이범윤李範允 등 부장수副將帥가 있으며, 나는 김
> 대장의 직속 특파독립대장이다.128)

> 팔도八道의 총독總督은 김두성金斗星이라 부르며, 강원
> 도 사람이지만 지금의 거처는 모른다. 그 부하에는
> 허위許蔿, 이강년李康秊, 민긍호閔肯鎬, 홍범도洪範圖, 이범윤李

---

127) 안중근, 앞의 책, 73쪽. 일제의 자료에는 안중근을 우영장으로 기록했고, 우
    덕순도 그의 회고담에서 안중근은 우영장이라고 기술하였다.(황재문, 앞의
    책, 203쪽) 그러나 러시아 극동문서보관소 소장 토로포프는 최재형 휘하의
    소대장으로 안중근을 기록하고 있다.(토로포프·한국민족운동사학회 편역,
    『조선합방 직전에 전개된 조선 민중의 항일해방운동』, 한국민족운동사학
    회, 2002, 520쪽) 50명 병력은 소대 규모에 맞먹는다.
128) 국편, 「대한매일신보(안중근의 공판)-1910.2.13 기사」, 『독립운동사료』7-
    안중근편2, 484쪽.

範允, 이은찬李股瓚, 신돌석申乭石 등이 있지만 그 중에는
지금 없는 사람도 있다.129)

　1908년 6월 연해주의병 창의 때 총대장이 김두성인 것으로 안
중근은 그의 자서전과 공판과정에서 주장했으나, 일제 수사기관의
어떤 정보 보고에도 김두성이라는 이름은 창의 시점에서 거론되
지 않았다. 따라서 안중근이 진술한 김두성이라는 이름은 1909년
11월 26일 하얼빈의거 이후에 거론된 것으로 보는 것이 옳으나,
그 인물의 특징은 류인석과 같다. 일제 수사기관의 정보에는 류인
석을 거괴, 적괴, 수괴, 대장 등 모두 흉악한 두목 또는 대장의 뜻
으로 기록하여 좋은 뜻이거나 나쁜 뜻에 불구하고 한국의병의 우
뚝한 존재로 표현하였다.
　안중근은 총독과 대장을 상하의 지휘 체계로 진술하고 있다. 특
히 '팔도의 총독'이라고 그 직책을 말한 것으로 보아 '총대장 김두
성-부장수 이범윤 등'을 고려할 때 총독은 8도의 의병을 지휘 감
독하는 총대장임이 확실하고 그의 지휘 아래 각 지역의 대장이
책임 지휘하였으며 연해주는 이범윤 등이었다. 김두성이 류인석의
가명이라면 류인석이 1910년 2월에 추대된 십삼도의군도총재의
직책은 팔도총독과 같음을 알 수 있다.
　즉, 8도는 1896년 8월 행정구역 분할로 함경도, 평안도, 충청
도, 경상도와 전라도가 남북도로 나뉘어져 13도가 되었다.130) 이

---

129) 국편, 「공판시말서(제1회)-1910.2.7」, 『독립운동사료』 6-안중근편1, 1976,
　　 333쪽: 안중근이 공판에서 잘못 진술한 이름들을 조동걸이 바로 잡았다.(조
　　 동걸, 앞의 논문, 앞의 책, 30쪽)

미 8도가 13도로 나누어진 후인데도 8도를 주장한 것은 1894년 갑오개혁 이후의 일제가 중심이 되어 조종한 행정구역 개편을 아직 수용하기 어려웠던 정서로 받아드려진다. 또는 8도라는 말이 한국 전체를 가리키는 대명사와 같은 뜻일 수도 있다. 말하자면 8도강산은 우리나라 전체를 의미함으로 팔도총독은 총괄총독의 의미이다.

강원도 출생이거나 강원도에서 의병을 일으킨 의병장은 여러 사람을 거론할 수 있다. 먼저 을미의병의 팔도창의대장 류인석이다.131) 을미의병의 원주 의병장이며 정미의병의 십삼도창의군도총재 이인영李麟榮 1860~1909 또한 저명한 유학자 의병장이다. 이 외에도 을미의병 때 춘천에서 창의한 이소응李昭應 1852~1928 의병장, 정미년 원주에서 창의한 민긍호閔肯鎬 ?~1908 의병장, 원주출신 이은찬李殷瓚 1878~1909 의병장 등이다.

그러나 이 중에 민긍호 의병장은 1908년 2월 이미 순국했을 뿐만 아니라 안중근이 거론한 김두성의 부하임으로 그가 김두성일 수는 없다. 또 다른 의병장들은 연해주에 가지 않았다. 강원도 출신으로 류인석 혼자 1908년 4월과 6월에 연해주의병 창의의 계획과 실행에 활동한 경력을 가졌다고 이 연구에서 밝혔으며, 한국의병사에서 상징적인 인물이다. 더욱 그의 을미의병 창의대장 직책은 총독이라고 부른 안중근의 진술에 가장 접근한다.

팔도총독은 팔도의병장의 뜻으로 보며 실제 8도의 총독 김두성

---

130) 진단학회 편, 「연표」, 앞의 책, 308쪽)
131) 조동걸은 류인석을 팔도창의대장으로 기술하였다.(조동걸, 같은 논문, 같은 책, 37쪽)

과 그 아래 대장들의 언급은 김두성이 연해주의병의 총대장이라는 특징을 감안할 때 연해주와 국내 8도를 아우르는 총대장의 뜻이다. 따라서 '총대장 김두성-연해주와 국내 각 지역대장'을 의미하는 것으로 볼 수 있다. 또 팔도총독은 어휘의 뜻과 같이 8도의 의병장을 총괄 감독하는 총대장을 의미하는 직책일 것이다. 김두성이 부하로 이범윤 등 대장을 거느린 단독 총대장임으로 팔도총대장인 류인석과 같은 직책이다.

　김두성의 부하 의병장이라고 말한 7명의 의병장과 류인석의 관련성을 검토한다. 허위許蔿 1855~1908와 이강년李康秊 1858~1908은 류인석과 같이 의병활동에 참여했으며 의병조직에서 두 사람은 류인석의 지휘 아래 있었다.132) 이강년이 일제 침략자를 토벌할 때 민긍호와 신돌석申乭石 1878~1908은 연합하여 싸운 의병장임으로 류인석과 민긍호, 신돌석은 연관이 있다.133) 신돌석이 의병활동에 실패하고 일제에 쫓김을 당할 때 연해주에 망명을 염두에 둔 것도 류인석의 국외진지 의병전략에서 영향 받았다고 볼 때, 정신적으로 류인석의 지배를 받았음으로 신돌석은 이미 류인석의 부하라고 해도 틀린 말은 아니다.134)

　홍범도洪範圖 1868~1943는 류인석이 을미의병을 결국 성공하지 못한 후 요동으로 망명할 때 안변 석왕사에서 그의 의병과 연합하여

---

132) 류인석, 「연보」. 『의암집』 인, 1908년 1월조, 817쪽.

133) 한국인명대사전편찬실 편, 앞의 책, 247쪽: 김희곤, 『신돌석 백년만의 귀향』, 푸른역사, 2001, 134~135쪽.

134) 신돌석은, "내가 짐승 같은 무리에게 생명을 빼앗기기 보다는 차라리 서쪽으로 건너가서 여러 강국에게 호소하여 응원을 얻음이 좋지 않겠는가"라고 탄식하였다.(김희곤, 같은 책, 186~187쪽)

일제 침략자와 싸웠다. 이때 류인석이 자신의 자字 여성汝聖에서 여
汝자를 따서 홍범도의 자를 여천汝千으로 지어주었을 가능성을 장세
윤은 말하고 있다. 홍범도의 호가 여천이라고 잘못 전해졌으나 류
인석 휘하의 항일단체 서명부 의원안義員案에는 자가 여천이라고 바
로 기록되어 있다. 이로 보면 홍범도가 류인석을 흠모하는 인물로
삼았음이 인정된다.135) 안중근이 국내진공 전인 1908년 6월 회
령으로 가서 홍범도를 만나보았다는 기록을 참조하거나,136) 석왕
사에서 류인석과 인연을 참고할 때 연해주의병의 국내진공에서
홍범도 부대와 연합을 추진했을 정도의 깊은 연관을 가졌던 것으
로 보인다.

　이은찬은 류인석 휘하에서 의병을 일으킨 이인영 의병장의 중
군장이다.137) 1905년 을사조약 체결 후 홍천에서 창의한 주역이
면 같은 강원지역의 창의대장으로 류인석의 영향을 말하지 않을
수 없다. 또 이은찬이 류인석의 부하로 의병활동을 도모하고자 시
도하였다는 기록으로 보아 류인석과 관련을 맺고 있다.138) 이범
윤을 포함한 모두가 류인석과는 상관과 부하관계이거나 밀접한
영향을 받은 의병장들이다. 국내 의병활동에서 류인석이 팔도창의
대장이면 의병장 모두가 류인석의 부하였다고 해도 지나친 말은
아니다.

　안중근의 진술과 같이 몇 사람은 이때 이미 순국했다. 민긍호

---

135) 장세윤, 『홍범도의 생애와 항일의병투쟁』, 독립기념관 한국독립운동사연
　　구소, 1992, 65~67쪽.
136) 황재문, 앞의 책, 202~203쪽.
137) 한국인명대사전편찬실 편, 앞의 책, 699쪽.
138) 국편, 「헌기 441」, 『독립운동사료』 11-안중근편4, 516쪽.

는 1908년 2월 의병전투 중에 순국했고, 이강년은 같은 해 10월에 일제에 의해 사형으로 순국했으며, 신돌석은 같은 해 12월 살해되었다.139) 이런 근거로 보아 안중근이 연해주의병 총대장으로 지칭한 김두성이 류인석일 가능성은 충분하다. 비록 안중근이 공판을 유리하게 이끌어가기 위한 전략으로 김두성을 가명으로 세운 의병장일 수 있다고 말하는 연구자도 있지만,140) 분명히 안중근은 류인석을 염두에 두고 진술하였다.

　이러한 객관적인 적합성에도 불구하고 김두성과 류인석이 같은 인물이 되기에는 지금까지 연구에서 두 사람이 때와 장소를 달리했다는 맹점이 풀 수 없는 걸림돌이었다. 다시 말하면 김두성은 1908년 6월 말경 연해주의병을 창의하고 총대장이 되었음으로 당시 연해주에 실재한 인사이다. 이와 달리 류인석의 경우 국내에서만 의병활동을 하다가 같은 해 9월 초 추석 전에 처음 연해주에 들어갔다면 그는 연해주의병 창의 때 국내에 있었던 인사이다. 즉 연해주의병 창의 때인 6월 말경 연해주에 있었던 김두성은 같은 때 국내에 있었다고 말하는 류인석과 같은 사람이 되기에 시時·공空을 공유하지 않았다는 걸림돌이다.

　그러나 이 연구에서 류인석이 1908년 4월 말경 연해주에서 이범윤 등을 만나 연해주의병의 창의계획을 합의하였다. 다시 6월 말경 연해주에서 창의하고 이범윤 등을 부장수로 둔 창의대장에 추대되었다. 연해주의병의 창의대장이 두 사람이 아니라면

---

139) 이현희, 앞의 책 참조.
140) 국편, 「공판시말서(제5회)-1910.2.12」, 『독립운동사료』 6-안중근편1, 395~396쪽.

당연히 논리적으로 김두성은 류인석의 가명이다. 안중근의 진술에서도 총대장 김두성-부장수 이범윤 등으로 한국의병진의 창의대장이 단수임을 밝히고 있다. 따라서 이 논문의 다른 성과는 류인석과 김두성으로 지칭되는 연해주의병 창의대장의 활동시기와 장소가 같다는 논증으로 "김두성은 류인석의 가명으로서 연해주의병의 창의대장이다"라는 증거에 의한 결론을 이끌어 낸 것이다.

다시 말하면, 안중근이 연해주의병 '창의대장 김두성-부장수 이범윤 등'을 거론함으로써 '창의대장 류인석-부장수 이범윤'을 거론한 앞의 '헌기432', '헌기441'과 연관지울 때 이미 류인석이 김두성이란 가명으로 창의대장에 추대된 것을 은연중 입증해주었다고 볼 수 있다. 1908년 6월 연해주의병 창의 때 이범윤의 상관으로서 같은 사람이나 이름을 다르게 표현한 창의대장의 존재를 인정한 것이다. 김두성이 갖는 인물의 특징이 류인석과 같다면 자연스럽게 당시 창의대장 김두성은 류인석으로 귀결 지워진다.

기록을 살펴볼 때, 정보에 밝고 한국 의병장의 행적을 집요하게 찾아내려 한 일제 헌병대나 경찰이 김두성의 추적을 두 세 번의 사찰 후 중단하였다. 반면, 류인석에 대한 추적은 여러 해에 걸쳐 지속적으로 집요하게 이루어져온 것이 독립운동사료에서 발견된다. 그 이유는 이미 그들이 김두성을 류인석의 가명이거나 류인석의 인물특징을 가진 허상으로 안중근이 김두성을 진술한 것이라고 단정한 데서 찾아야 할 것이다. 그 중에서도 일제 수사기관이 벌써 김두성을 류인석과 같은 인물로 보았을 전자의 가능성이 더 높다. 그렇지 않고는 그들이 류인석을 부단히 추적하면서도 총대장 김두성의 추적에 그와 같이 미온적일 수는 없다.

5. 결론

　류인석은 1895년 을미의병의 팔도창의대장이며 한국의병의 상징적 인물이다. 그가 주도해온 한국의병의 국내여건은 1905년 을사늑약으로 일제에 외교권을 빼앗기면서 점차 그 입지가 어렵게 되었다. 이어 1906년 2월 일제의 통감부 설치로 대한제국은 주권을 사실상 상실하였다. 이에 대한 저항으로 고종황제는 1907년 6월 네덜란드 헤이그에 밀사를 파견하여 세계 여러 나라에 일제의 침략 만행을 알리려 하였으나 실패하고 그 책임으로 7월 폐위되었다. 같은 달 정미칠조약에 따른 8월의 군대해산은 내 나라를 지킬 군대마저 설 땅을 잃었다.

　군대가 해산된 상황에서 주권을 회복하는 무력항쟁의 유일한 수단은 의병에 의할 수밖에 없는 것은 당연하다. 1905년 을사의병의 봉기로부터 1907년 정미의병에 이르기까지 일련의 의병활동은 주권회복을 위한 치열한 항일투쟁이다. 그러나 일제 침략자가 장악한 국내에서 그들에게 대항할 수 있는 전쟁터의 유리한 입지까지 잃어버린 한국의병의 현실은 항쟁에서 반드시 성공하기 위한 특단의 전략수단이 절실하였다. 국내외에 의병진지의 새로운 구축이라는 과제가 이 계획이다.

　류인석을 중심으로 이 난관을 타개하는 방법으로 마련된 단안이 '연해주에 국외의병 근거지 개척론'과 '동남의 국내의병 진지를 서북쪽 백두산 근처 무산·삼수·갑산 등지로 옮기는 북계'의 구상이다. 그러나 이 두 계획은 국내에서 일제 침략자를 소탕하고 국권을 회복하자는 궁극적 목표로서 같은 목적을 위한 수단일 뿐이다. 그 결과 한국의병은 국내외를 총괄하는 단일 창의대장 체제가 필요했다.

그때 매우 중요한 이 의병계획이 류인석의 주도로 실천되었을 것이라는 믿음에도 불구하고, 국내외에서 활발한 의병활동이 벌어진 1908년 4~7월에 문집의 의병관련 기록은 단 몇 문단의 단편적인 사건에 불과하다. 이때 연해주의병진에서는 4월 말경 블라디보스토크에서 의병창의가 계획되고, 의병의 모체인 동의회가 5월 창설되었다. 이어 6월 말경 연해주의병 창의가 실행에 옮겨지고, 7월 초에는 두만강을 건너 국내에 진공했으며, 여러 전투에서 승패를 거듭하였다. 이 시기 독립운동사료에 여러 차례 기록된 이와 같이 중요한 연해주의병 활동이 문집에 전혀 발견되지 않는 것에서 문집에 독립운동사료의 내용이 누락되었다는 의구심을 가질만하다.

이 논문에서는 문집의 기록 외에 독립운동사료 등에서 연해주의병 활동의 기록을 찾아내어 이에 대한 선행연구에 어떤 미흡함이 있었는가를 검토해 보고자 하였다. 그럼으로써 연해주의병의 새로운 연구방향을 제시하여 창의대장 류인석의 진실한 의병활동을 규명하였다. 상식적으로도 국내외 의병전략의 창안자가 실제이 과정에서 전혀 활동하지 않았다는 것은 매우 이례적인 일이 아닐 수 없다.

류인석은 연해주를 왕래하며 창의에 적극적으로 참여했다. 따라서 '국내 의병활동', '연해주 망명'의 단순한 선행연구를 이 논증에서는 '연해주의병 창의계획', '창의실행과 창의대장에 추대되어 의병활동', '연해주 망명과 국내외 창의대장으로 활동'의 세 과정으로 구분하여 그 사실을 논증하였다. 새로운 연구의 첫째와 둘째 과정은 물론, 셋째 과정 일부도 선행연구에서 전혀 논증이 불가능하다. 1908년 9월 초 연해주에 처음 망명했다는 류인석이 앞선 4~7월 연해주에서 활동했다는 것은 선행연구 관점에서는 분명히 사리에 맞지 않기 때문이다.

이 연구의 결론이다. 먼저, 1908년 6월 말경 연해주의병이 창의한 후 류인석이 그해 가을 처음으로 연해주에 들어가 소극적으로 참여했다는 선행연구는 올바른 논지로 보기 어렵다. 논증의 결과 류인석은 1908년 4월 말경 블라디보스토크에서 있었던 연해주의병 창의계획의 회동에 이범윤, 안중근 등과 함께 했다.

이어 이루어진 6월 말경 창의에도 직접 참가하고 창의대장에 추대되었다. 따라서 "류인석은 연해주의병 창의대장으로 추대되었음은 물론이고 국내의병의 창의대장을 겸한 명실 공히 국내와 연해주를 아우르는 한국의병의 통합창의대장이었다"는 새로운 연구 성과이다. 그 결과 1910년 2월 십삼도의군도총재 추대는 이미 그가 1908년 6월 말경부터 맡고 있던 국내외 창의대장을 다르게 표현한 직책이다.

선행연구에서 류인석의 연해주의병 창의과정을 간과한 것은 독립운동사료와 문집을 잘못 활용한 것에서 찾아진다. 먼저, 전자의 경우는 사실적 가치가 불확실한 자료로, 또 필요하지 않은 자료로 보았거나 소홀히 취급한 잘못이다. 그러나 이 연구에서 표본자료로 선정한 '1908년 8월 함경도 정보-헌기 432호'는 검증결과 사실적 가치가 있는 자료라는 증거가 밝혀졌다. 이를 유추할 때 독립운동사료의 다른 기록들도 사실성이 인정될 수 있을 것이다. 또 류인석과 관련된 독립운동사료 전체 기사를 연결해본 결과 일목요연한 일관성에서 이 자료의 사실성을 일반적으로 증거할 수 있었다.

다음, 선행연구자들은 후자인 문집의 내용을 과신하였다. 표본 기간인 '1908년 4~7월간' 문집의 기록 누락을 감안하지 못한 잘못이다. 이와 같이 선행연구자들이 사실의 가치가 있는 한국독립운동사료를 인정하지 않고, 기록이 누락되었다고 판단되는 문집을 완전한 자료로 다루어 얻어진 결과가 정당할 수는 없다. 이러한 자료의 다른 활용방법이 이 연구의 결과를 다른 연구자들의 결과와 차별화한 원인이다.

그리고 이 연구의 부수적인 성과이며 한국독립운동사의 중요한 발견은 안중근이 1909년 12월 26일 하얼빈의거 후 진술한 연해주의병 총대장 김두성의 실체가 창의대장 류인석의 가명이라는 확인이다. 그동안 많은 연구에서 류인석이 팔도창의대장이며 강원도 출신으로 안중근이 거명한 의병장들을 거느렸다는 여러 조건으로 김두성과의 적합성이 인정되었다. 그럼에도 불구하고 류인석이 총대장 김두성이 될 수 있는 조건으로서 시간과 공간을 공유하지 않았다는 한 가지 맹점이 큰 걸림돌이었다.

이 걸림돌이 이 연구에서 제거된 것이다. 안중근은 "연해주의병 총대장 김두성이 1908년 6월 말경 연해주에서 창의했다"는 내용으로 진술했다. 이 연구에서는 "류인석이 1908년 6월 말경 연해주의병을 창의하고 창의대장에 추대되었다"고 논증하였다. 이 결과는 두 사람 모두 같은 지역 연해주에서 같은 때인 1908년 6월 말경 창의하였다. 또 같은 사람인 이범윤 등을 부하로 둔 단일 창의대장이다. 즉, "연해주의병 총대장 김두성은 창의대장 류인석의 가명이다"라는 결론이다.

1부 참고문헌

단행본 및 논문

구태훈, 『구태훈 교수의 안중근 인터뷰』, 재팬리서치21, 2009.

국사편찬위원회 편, 『통감부문서』5, 국사편찬위원회, 1999.

--------------, 『한국독립운동사자료』6-안중근편1, 국사편찬위원회, 1976.

--------------, 『한국독립운동사자료』7-안중근편2, 국사편찬위원회, 1978.

--------------, 『한국독립운동사자료』8-의병편1, 국사편찬위원회, 1979.

--------------, 『한국독립운동사자료』11-의병편4, 국사편찬위원회, 1983.

--------------, 『한국독립운동사자료』12-의병편5, 국사편찬위원회, 1983.

--------------, 『한국독립운동사자료』13-의병편6, 국사편찬위원회, 1984.

금장태, 『한국유학의 탐구』, 서울대학교 출판부, 1999.

김경탁 역주, 『신완역 주역』, 명문당, 2012.

---------, 『완역 주역』, 명문당, 1978.

김승학, 『한국독립사』하, 독립문화사, 1970.

김재홍, 『주역』상, 상생출판, 2014.

김희곤, 『경북유림의 독립운동』, 경인문화사, 2015

------『신돌석 백년만의 귀향』, 푸른역사, 2001.

박민영, 『대한제국기 의병연구』, 한울, 1998.

----, 「류인석의 국외 항일투쟁 노정(1896~1915)」, 『의암학연구』 1, (사)의암학회, 2002.

-----, 「류인석의 의병통합 노력과 안중근의 하얼빈의거」, 『의암학연구』 7, (사)의암학회, 2009.

박환, 『민족의 영웅, 시대의 빛 안중근』, 도서출판 선인, 2013.

---, 『시베리아 한인 민족운동의 대부 최재형』, 역사공간, 2008.

반병률, 「노령 연해주 한인 사회와 한인 민족운동」, 『한국근현대사연구』 7, 한국근대사연구회, 1997.

배종호, 『한국유학사』, 연세대학교 출판부, 1983.

백태남 편저, 『한국사연표』, 다홀미디어, 2013.

신운용, 「안중근의 의병투쟁과 활동」, 『한국민족운동사연구』 54, 한국민족운동사연구회, 2008.

안중근, 『안중근 의사 자서전』, 범우사, 2012.

연백군지편찬위원회 편, 『연백군지』, 연백군민회, 1986.

원영환, 「의암 류인석과 김두성 연구」, 『의암학연구』 9, (사)의암학회, 2012.

-----, 「의암 유선생류약사」, 『의암학연구』 7, (사)의암학회, 2009.

류인석·독립기념관 편역, 『국역 의암집』, 제천문화원, 2009.

유한철, 「류인석 의병 연구」, 박사학위논문, 국민대학교, 1997.

류해동, 「의암류선생약사」, 필사본(유연창 소장).

윤병석, 『안중근 연구』, 국학자료원, 2011.

이긍익·민족문화추진회 편역, 「별집 16」, 『연려실기술』, 민족문화추진회, 1966.

이기석 외, 『지리부도』, 보진재, 1993.

이상근, 「연해주에서 한인사회 형성과 의암 류인석의 활동」, 『의암학연구』 1, (사)의암학회, 2002.

-----, 「연해주에서 류인석의 항일운동과 그 의의」, 『의암학연구』 2, (사)의암학회, 2004.

-----, 「류인석 의병진의 북상과 항일투쟁」, 『의암학연구』 5, (사)의암학회, 2008.

이정규, 이구영 편역, 「종의록」, 『호서의병사적』, 제천군문화원, 1994.

이현희, 『우리나라 근대인물사』, 새문사, 1994.

장삼현, 「화서연원 독립운동 인맥도」, (사)화서학회, 2012.

장세윤, 『홍범도의 생애와 항일의병투쟁』, 독립기념관 한국독립운동사연구소, 1992.

정우택, 「연해주 한국의병 총대장 김두성 연구」, 『의암학연구』 10, (사)의암학회, 2013.

조동걸, 「안중근 의사 재판기록상 인물 김두성고-구한말 연해주 지방 의병사의 단면-」, 『춘천교육대학논문집』 7, 1969.

조창용, 독립기념관 한국독립운동사연구소 편역, 『백농실기』, 독립기념관 한국독립운동사연구소, 1993.

진단학회 편, 『한국사』, 을유문화사, 1974.

토로포프, 한국민족운동사학회 편역, 『조선합방 직전에 전개된 조선민중의 항일해방운동(1907~1910)』, 한국민족운동사학회, 2002.

평산신씨종친회 편, 『평산신씨대동보-전서공파』 2, 1930.

한국교통연구원 편, 『교통, 발전의 발자취 100선』, 한국교통연구원, 2006.

한국인물대사전편찬실 편, 『한국인물대사전』, 신구문화사, 1995.

한국학중앙연구원 편, 「사마방목」, 『국조방목』, 서울대학교 규장각 소장본.

-----, 『한국민족문화대백과사전』 8, 1989.

황재문, 『안중근 평전』, 한겨레출판, 2012.

데이터베이스 및 웹사이트

국사편찬위원회 편, 『동학농민혁명자료총서』 2, 국사편찬위원회-한국
　　　　사데이터베이스.
--------------.『한국근현대인물자료』, 　국사편찬위원회-한국사
　　　　데이터베이스.
한국고전번역원 편.『고종실록』, 한국고전번역원-조선왕조실록 데이
　　　　터베이스.
--------------,『순종실록』, 한국고전번역원-조선왕조실록　데
　　　　이터베이스.
인터넷 정보,「두만강」·「말의 속력」·「압록강」·「이승희」·「이진상」,
　　　　Daum 통합검색.

제 2 부

安重根의 의병활동·하얼빈의거와 柳麟錫

Ryu Inseok's Involvement in The Resistance
Volunteers Activity and Harbin Undertaking
by Ahn Jungkeun

안중근安重根 의사義士

1. 서론

조선왕조는 1392년 태조 이성계太祖 李成桂 1335~1408가 건국하여 1910년 순종純宗 1874~1926 4년 일제에 합병됨으로써 막을 내렸다. 조선시대 518년을 지킨 많은 위인들이 있지만 그 중 세 사람을 꼽는 다면 초기 세종대왕世宗大王 1397~1450이 으뜸임은 누구나 인정한 다. 조선 중기에는 1592년에 시작되어 7년 동안 나라가 패망 직전까지 이른 임진왜란의 큰 병화가 있었다. 이 국가존망의 위기상황에서 나라를 구한 인물은 충무공 이순신李舜臣 1545~1598이다. 끝으로 조선 말기에는 왜적이 나라를 병탄하는 누란의 위기에 조선 침략의 우두머리 이토 히로부미이등박문伊藤博文 1841~1909를 하얼빈 역두에서 저격한 안중근安重根 1879~1910 의사를 선택할 수 있을 것이다.

이와 같이 한국근세사에서 안중근의 구국정신은 조선시대 전체를 통틀어 3대 위인에 넣기에 전혀 손색이 없는 불세출의 영웅이다. 안중근의 호칭이 의사, 영웅, 장군 등에서 보는 것과 같이 그의 생애에 그가 한 역할은 다양하다. 실제 안중근은 젊었을 때 일부 변질된 동학도 토벌에 앞장섰다. 또 그가 장성해서는 학교를 세워 교육가로서 큰 역할을 담당했다. 뿐만 아니라 사업가로서도 여러 해 활동했으며, 국채보상운동 등으로 애국운동을 벌렸다. 그러나 이러한 여러 활동을 뛰어넘어 그의 생애에 가장 큰 족적은 의병에 참가함으로써 벌린 우국활동과 나라의 흉적 이토 히로부미를 저격한 하얼빈의거를 들 수 있다.

안중근의 연해주의병 활동에서 그를 지휘한 창의대장으로 김두성金斗星이 거론된다. 김두성의 거론은 그의 『안응칠 역사安應七 歷史』 같은 이름, 『안중근 의사 자서전』 이하 자서전와 국사편찬위원회의 『한국독립운동 사자료韓國獨立運動史資料』 이하 독립운동사료에서 안중근이 스스로 진술한 내용임으로 그 진실성을 외면할 수 없다. 또 하얼빈의거의 지휘자에 대해서도 그의 배후에는 김두성의 존재를 진술한 사실이 발견된다.

　따라서 안중근이 성인의 반열에 이르는 위대한 민족의 지도자로서 그의 진술이 진실이라면 분명히 그는 의병활동과 하얼빈의거에서 김두성이라는 총대장의 지휘를 받은 사실이 입증된다. 그러나 지금까지 여러 연구에서 김두성이라는 인물이 누구인가에 확단의 논리적 연구가 이루어지지 않았다. 그러나 필자는 김두성이 한국의병사의 상징적 인물인 의암毅菴　류인석柳麟錫 1842~1915임을 여러 객관적 자료의 분석으로 1부 논문 「연해주 한국의병 창의대장 의암 류인석」에서 밝혔다. 따라서 이 연구에서는 김두성이 류인석의 가명임을 간략하게 확인하고 이를 바탕으로 안중근과의 연관성을 밝히고자 한다.

　이 연구를 위해서 여러 자료를 이용하였다. 중심자료는 안중근과 연관된 그의 자서전, 연구서, 평전評傳 등이 우선이다. 다음, 독립운동사료이다. 간혹 그의 자서전에 대해서 사형을 앞두고 옥중에서 펴낸 점을 감안하여 신뢰성을 의심하는 경우조차 발견된다. 그러나 안중근의 위인다운 인격을 가지고 본다면, 또 연구한 학자들의 평가를 감안할 때 전체적으로 믿을 수 있는 자료임에 틀림없다. 또한 여순 감옥에서 그를 지켜본 영국 기자 찰스 모리머 Charles Morrimer가 시종일관 안중근을 관찰하고 평가한 그의 죽음을 초월한 인품을 참작할 때 안중근이 구차하게 구명을 위해 거짓 증언은 하지 않았음이 확실하다.

독립운동사료의 경우 연구자들의 일반적인 활용 관행은 일제에 의해 만들어진 그들의 수사, 정보자료임을 들어 불신해온 것이 사실이다. 이 문제에 대해서 필자는 연해주의병과 관련이 있는 특정 자료인 '1908년 8월 함경도 정보-헌기 432호'가 자료의 사실성에서 훌륭한 가치가 있다는 증거를 1부 연구에서 밝혔다. 류인석의 연해주의병 창의와 관련 있는 자료이다. 독립운동사료의 사실성은 류인석이 이미 1908년 4월과 6월 연해주에 건너가서 창의의 전 과정에 참여했음을 입증한 자료에서 확인하였다.

이 연구의 목적을 요약하면 두 가지이다. 첫째, 연해주의병 연구에서 밝히지 못한 연해주의병 총대장 김두성은 그가 류인석의 가명이라는 사실을 논리적으로 확인하여 류인석이 창의대장임을 거듭 밝힌다. 그런 경우 김두성의 지휘 아래 연해주의병 참모중장으로 활약한 안중근이 류인석의 지휘를 받으며 창의에 참여한 사실이 확인된다.

또한 안중근이 왜적 수괴 이토 히로부미를 저격한 큰 업적인 하얼빈의거가 김두성의 지휘 아래 수행되었음으로 동일인인 류인석 휘하의 직속 특파독립대장(特派獨立大將)의 역할로 이루어졌음을 논증하였다. 1부와 중복된 설명을 피하려하였으나 이해를 돕기 위위해서는 중복 기술을 모두 피할 수는 없었다. 특히 연해주의병과 관련된 상당 부분은 류인석, 안중근과 함께 연결됨으로 이 부분에서 많은 내용을 중복 기술하였다.

2. 연해주에서 류인석의 활동

류인석의 연해주 한국의병 창의 관련기사가 기록된 독립운동사
료141)의 1908년 8월 함경도 정보-헌기 432호는 이미 논증한 바
와 같이 사실성이 인정된 자료이다. 이 독립운동사료가 사실의 근
거가 있을 경우에 이 자료를 활용하여 얻어진 결과의 사실성이
인정될 수 있기 때문에 중요하다. 그 경우 독립운동사료에 기록되
어 있는 류인석의 활동은 충분히 신빙성이 있게 된다. 이러한 관
점에서 필자의 1부 논문을 상세히 관찰함으로써 안중근의 연해주
의병 활동과 하얼빈의거와의 관련성을 살펴본다.

이 논문에서 주장하는 요지는 다음과 같으며 이 사실을 논증하
였다.

가. 연해주의병의 지휘체제는 창의대장 류인석-부장수(대장) 이
   범윤등-참모중장 안중근이다.
나. 안중근은 1908년 6월 하순 창의한 연해주의병의 참모중장
   이며 그 지휘자는 창의대장 류인석이다.
다. 안중근은 1909년 10월 26일 하얼빈에서 이토 히로부미를
   저격했으며 연해주의병 창의대장 류인석의 지휘를 받았다.

1) 창의대장이 류인석이라는 근거

---

141) 이하 '국사편찬위원회 편'은 '국편'으로 간략 표기한다. 이하 『독립운동사
   료』권차-편차로 표기한다.

안중근이 연해주에서 의병활동에 투신하여 독립운동으로 헌신한 시기는 그가 만주로부터 연해주에 건너 간 1907년 하순부터로 추정되지만 이 연구에서는 연해주의병의 창의모의 때인 1908년 4월 말경부터 1909년 10월 26일 하얼빈의거와 그가 순국한 1910년 3월 26일까지로 상정한다. 이 글은 안중근의 연해주에서 의병활동과 그 후 일어난 하얼빈의거의 두 가지 사건에 지휘관으로써 류인석을 연구하는 논증이다. 그런 과정은 필수적으로 이 기간 류인석이 연해주에서 활동하였다는 사실이 확인되어야 한다

독립운동사료의 기록 1908년 8월 함경도 정보-헌기 제432호의 "류인석은 본년 4월 경 만주 길림성에 있어서 의병을 모집 중이었는데 동월 중 이범윤李範允 1856~1940을 해삼위로 방문 대거할 약속을 맺고, 류인석은 항상 이범윤과 정보를 교환하고 있었으나 본년 6월 하순 경 이범윤을 만나려고 길림성을 출발하였다"라는 기록을 참조하면 류인석은 4월경 창의에 관한 모의를 끝내고 6월 하순경 이범윤과 함께 연해주의병을 창의하였다.142) 또 독립운동사료 헌기 441호의 "류인석의 부하인 이범윤의 당류黨類와 합진合陣한다고 하는 설이 있다"에서 창의대장 류인석-부장수 이범윤 등의 의병 지휘체제가 형성된다.143)

이 지휘 체제와 자서전 및 독립운동사료의 "나는 전부터 한국의병의 참모중장으로 추대되어 있었으며"라는 내용과를 연결하면

---

142) 국편, 「1908.8 함경도 정보-헌기 432」, 『독립운동사료』 11-의병편4, 1983, 595쪽.
143) 국편, 「1908.8 평안도 정보-헌기 441」, 『독립운동사료』 11-의병편4, 516쪽.

안중근은 창의대장, 부장수 아래 참모중장인 지휘관이다.144) 또
"안중근이 류인석을 작년1908 봄 블라디보스토크에서 만났다"145)
라는 그의 진술과를 연결해 본다. 1908년 봄인 4월에 류인석이
연해주의병 창의를 위한 블라디보스토크 모의에 참석했고 안중근
역시 함께 모의한 사실이 입증된다. 따라서 이를 편집하면 연해주
한국의병의 지휘체제는 창의대장 류인석-부장수 이범윤 등-참모
중장 안중근으로 편제가 이루어짐으로써 안중근과 류인석의 연결
된 역할이 규명된다.

한편 다른 독립운동사료인 "의군총대장은 강원도 김두성인데
그의 부하에는 각지에 이범윤 등 부장이 있으며 나는 김 대장의
직속 특파독립대장이다"와 연결지우면 의병의 지휘체제는 총대장
김두성-부장수 이범윤 등-대장 직속 특파독립대장 안중근이
다.146) 또 대장 직속 특파독립대장을 참모중장 안중근으로 표기
한 경우도 보인다.147)

자서전에는 "그 때 김두성과 이범윤 등이 모두 함께 의병을 일
으켰다. 그 사람들은 전일에 이미 총독과 대장으로 피임된 이들이
요. 나는 참모중장의 직책으로 피선되었다"로 기록하여, 그 지휘

---

144) 안중근, 『자서전』, 범우사, 2012, 73쪽: 국편, 「공판시말서(제1회)-1910.2.7」,
『독립운동사료』 6-안중근편1, 1976, 333. 이하 '「공판시말서」 회차-시기'로 표
기한다.
145) 국편, 「경 경시의 심문에 대한 안응칠의 공술 2회-1909.11.27」, 『독립운
동사료』 7-안중근편2, 1978, 402쪽. 이하 '「공술」 회차'로 줄여 표기한다.
146) 국편, 「대한매일신보(안중근의 공판)-1910.2.13 기사」, 『독립운동사료』 7-
안중근편2, 484쪽.
147) 국편, 「공판시말서」1-1910.2.7, 『독립운동사료』 6-안중근편1, 1976, 333
쪽.

체제가 총독 김두성-대장 이범윤 등-참모중장 안중근이다. 총독
을 총대장 또는 창의대장으로 보아 이를 정리하면, 창의대장 김두
성-대장 이범윤 등-참모중장 안중근으로 연해주의병의 지휘체제
가 완성된다. 여기서 안중근은 직급이 참모중장이며 직책은 대장
직속 특파독립대장인 것으로 판단된다.

　위 두 내용을 묶으면, 창의대장 류인석 또는 총대장 김두성-부
장수 이범윤 등-참모중장 안중근이 된다. 이때 이범윤을 지휘하
는 창의대장인 총대장이 한 사람임으로 자연스럽게 류인석과 김
두성은 동일인이 된다. 또 안중근을 참모중장으로 둔 조건도 같
다. 따라서 연해주의병은 1908년 4월에 블라디보스토크에 모여
창의의 계획을 세우고, 6월 하순경 창의했으며 창의대장 류인석-
대장 이범윤 등-참모중장 안중근의 지휘체제이다. 이와 같은 논
증을 통해 볼 때 창의대장 류인석은 김두성이라는 가명을 사용하
여 의병을 지휘한 것이다.

2) 1908년 류인석의 행적

　연해주 한국의병의 창의목적은 일제가 한국 영토 안에서 의병
활동을 탄압함으로써 그 활동이 좀 더 유리한 국외인 연해주로
이전하고 국내에 진공하는데 목적을 두었다. 따라서 연해주진지는
국외에서 왜적을 소탕하는 목적이 아니라 국내에 진공하여 국내
의 의병진과 협동작전으로 왜적을 몰아내고 잃어버린 주권을 회
복하는 것이다. 즉, 이 전략을 합리적으로 수행하는 방법은 국외
에서 의병의 힘을 기르고 그 의병전력이 국내의병과 호응하는 국
내, 국외의 이원체제이나 이는 수단에 불과할 뿐, 궁극적인 하나

의 목적은 두 의병체제가 하나로 뭉쳐 협력하는 일이다.

필연적으로 국외의병과 국내의병을 하나로 묶는 방법은 창의대장이 단일체제가 되고 그 아래 국외와 국내의 이원적 통솔체제로 나누어 활동하는 두 체제이나, 궁극적인 통솔은 한 사람 아래 움직이는 통합 의병체제가 필요했다. 이것은 조선 성리학자들의 이념인 존중화양이적(尊中華攘夷狄)에서 한말 위정척사(衛正斥邪)의 대 외세관이 배태된 것과 같은 성리학(性理學) 논리이다. 한말 유학자들의 행동강령은 거의 성리학적 이론을 바탕으로 정립되었기 때문에 여기에서 이러한 발상을 가상하는 것이다.

류인석은 화서학파이다. 화서학파는 원래 주리론(主理論)의 입장에 섰다. 화서학파(華西學派)의 창시자인 이항로(李恒老) 1792~1868의 철학을 요약하면 본체론은 이일원론(理一元論)으로 현상론은 이기이원론(理氣二元論)으로 볼 수 있다. 즉 '이(理)는 하나(一)이고 둘(二)이 아니며, 기(氣)는 둘(二) 음양(陰陽)이요 하나(一)가 아니다'라고 말하였다. 또 이(理)가 주(主)가 되고 기(氣)가 역(役)이 되면, 이순기정(理純氣正)하여 만사가 다스려짐으로 천하가 평안하고, 기(氣)가 주(主)가 되고 이(理)가 차(次)가 되면 기강이은(氣强理隱)하여 만사가 어지러워짐으로 천하는 위태하다.148)

이 화서학파가 주장한 이기론을 류인석의 의병활동과 연결해보면 다음과 같이 실전에 응용되었음을 알 수 있다. 국내에 의병 진지나 국외 진지 모두가 본체론의 입장에서 보면 궁극의 목적은 왜적을 몰아내는 한 가지 목적에 두었다. 그러나 좀 더 의병활동이 원할 한 연해주로 주진지를 옮기고 국내의 진지와 연계하여

---

148) 배종호, 『한국유학사』, 연세대학교출판부, 1997, 128~129쪽.

척사(斥邪)의 궁극적인 목적을 달성하는 방법으로 최적의 전략적 효과를 염두에 둔 수단에 불과하다. 즉, 본체론인 이일(理一)은 척사의 오로지 한 가지 목적이며, 그 수단으로 현상론인 기이(氣二)의 국내외 이원체제를 선택한 것에 불과하다.

또 성리학적 화이관(華夷觀)으로 판별할 때 화(華)는 조선중화의 중심에 선 우리나라이고, 이(夷)는 오랑캐의 범주에 속하는 일본 제국주의이다. 류인석이 보는 한말의 혼돈은 화이관의 입장에서 세상을 바로 잡으려면 위정척사의 대외세관이 첩경이라고 생각하고 있었던 것이다. 오랑캐 일제(日帝)를 몰아내고 조선중화를 보전하는 길이며 그 방법은 나라의 형편으로 볼 때 창의에 의한 의병 세력 뿐이다.

다시 말하면 19세기 초 성리학자인 류인석은 기(氣)로서 일제가 우선이고 이(理)로서의 조선이 차선이 된 혼돈의 세상에서 그 질서를 바로잡는 길만이 성리학적 이념을 구현하는 대안으로 본 것이다. 나라의 관병이 군대해산으로 사라진 조선의 입장에서 왜적을 몰아내고 성리학적 질서를 바로 잡는 힘은 의병을 일으키는 대안 외에 달리 생각할 방법이 없다고 생각했다.

성리학적 관점에서 출발한 류인석의 의병전략에서 국외진지와 국내진지는 둘이나 그 행동체제는 결국 하나로 집약되어야 힘의 집중이 가능하며, 그러기 위해서는 국외와 국내를 함께 통솔하는 통합창의대장(統合倡義人將) 체제가 필요하다. 실제 한국의병 체제에서

부장수 이범윤 등이나 창의대장 류인석-정용대149)가 이 이론을
수용한 것으로 판단된다.

류인석이 한국의병을 지휘하는 통합의병장이 되기에 그의 고령
은 걸림돌이 될 수 있다. 그러나 당시 국내외 사정과 사회통념적
가치관으로 볼 때 그가 창의대장의 자리를 가져야 하는 당위성은
중요하며, 여러 부장수지역별 대장 중심의 분권적이면서도 상징적 창
의대장을 중심에 세운 둘이며 동시에 하나이고, 하나이며 둘로서
한국의병의 지휘체제 전략으로 볼 수 있다.

국외진지 개척론에 대한 류인석의 발상은 이와 같이 화서학의
이기론에서 유래한 것이다. "동, 남의 여러 의병진은 마땅히 서북
쪽으로 가서 백두산 부근 무산, 삼수, 갑산 등지에 근거지를 정하
고, 청나라, 러시아와 연결하며 기회를 엿보아야 한다"라는 의병
진에 보낸 지령서에서 이원적 진지의 이용이다.150) 또 통합창의
대장은 한 사람이며, 각 지역대장은 복수인 것으로 모두 성리관에
서 발상하였다.

류인석이 통합창의대장이 되기 위한 첫째 덕목은 그가 가진 의
병전쟁에서의 경험이다. 그는 이미 1895년 을미의병의 창의대장
이다. 둘째 그 동안 많은 강학과 강회를 통하여 국내에 다수의 문
인과 지인을 가져 인적 네트웍network이 탄탄했다. 셋째 학식과 덕
망을 가진 유학자로서 류인석의 지도력이 필요했다. 넷째 한국의
병의 중심은 유학자들이다. 그들의 통솔에 유학자인 류인석은 적

---

149) 국편, 「폭도수괴 체포건 예산군 금평면 하현동-충남경수忠南警收 188」, 『독
     립운동사료』13-의병편6, 1984, 548쪽.
150) 배종호, 앞의 책, 128~129쪽.

격자이다. 다섯째 연령적으로 장유유서에서 가장 적합하다.

이와 같은 통합창의대장이 될 수 있는 기본적 조건 외에 부수적 조건을 류인석은 갖추었다. 첫째 국외와 국내의 협동작전에는 결국 국내의 의병진이 중심이 되어야 하는데 류인석의 경험과 그에 대한 신뢰는 적격한 인사로 볼 수 있다. 다음 창의대장의 자격을 가졌다고 인정되는 다른 사람인 이범윤과 최재형崔才亨 1860~1920의 경우 연해주 한인사회의 뿌리 깊은 반목현상으로 그들 중 누구도 통합창의대장이 되기에는 한계를 가졌다.151)

그 외 사회적 조건을 거론하지 않을 수 없다. 중요한 것은 국내 의병진의 호응을 받기에는 정서적으로 문제점을 가지고 있다는 것이다. 이범윤의 경우 고종의 마패를 소지하고 한국칙사로 행세하여152) 그 위세를 가지고 있었으나 그의 형 이범진李範晉 1853~1911 이 러시아 공사를 지낸 친러파로서 개화파에 속하였음으로 위정척사를 앞세우는 당시 한국의병의 보수적 사고에서는 적격자가 아니다. 최재형의 경우 조선에서 그 선대가 비천한 노비의 신분이라는 한계는 극복하기 어려운 당시 일반적으로 가질 수 있는 사회보편적 가치관이다. 또한 러시아 공민으로서 의병 참가를 제약하는 러시아 정부의 압력 등 여러 조건에서 판단할 수 있다.

특히 최재형은 연해주의병에서 장점과 단점을 동시에 가졌다. 그는 연해주의병의 모체가 된 동의회에서 이범윤에 앞서는 총장

---

151) 신운용, 「안중근의 의병투쟁과 활동」, 『한국민족운동사연구소』 54, 한국민족운동사연구회, 2008, 20~21쪽.

152) 조창용/독립기념관 한국독립운동사연구소 편역, 『백농실기』, 독립기념관 한국독립운동사연구소, 1993. 132쪽. 이하 저자를 조창용으로 약기한다.

에 선출되었으며, 러시아의 후원을 받은 인물이다. 반면, 후원과
반대로 러시아 공민으로서 러시아로부터 한국의병활동에 참여하
지 못하도록 압력이 가해졌다. 특히 1908년 5월 12일 전문은 최
재형이 의병 총대장이 되는데 결정적인 장애요인이 되었다. 시기
적으로 연해주의병 창의의 모체가 된 동의회가 발기되어 최재형
이 총장에 선출된 지 이틀 후의 일로서153) 연해주 한국의병의 창
의를 눈앞에 둔 바로 중요한 시점이다.

　이 때 일제의 강압이 작용하였을 것으로 짐작되는 러시아 대외
정책을 살펴본다. 국무대신이며 대신위원회 의장 표트르 스톨리핀
Pytro Stolypin의 이름으로 내려진 정부의 단호한 훈령이다.

　　우리러시아 공민는 우리 국경러시아 국경지역에서 반일운동을 용
　납하지 않도록 실현성 있는, 즉 과단성 있는 조치를 취하
　라.154)

　러시아 정부의 후속 지시가 계속되었으며,155) 러시아 공민인
최재형이 이름을 내어놓고 연해주의병 총대장이 되는 길에 장애
가 되었다. 러시아 거류민 사회에서 이런 위치의 최재형은 의병활

---

153)『해조신문』에 동의회 창설 취지서 게재를 중심으로 1909년 5월 10일로
　　기준한 것이나 이전에 결성되었다.(황재문, 위의 책, 201쪽)
154) 국편,「연해주의 군총독 각하께」(1908.5.14, 241호), 위의 책 자료34-러시아
　　편1: 국편, 위의 글(1908.6.19, 297호), 위의 책 자료34-러시아편1: 국편,
　　위의 글(1909.2.6, 54호), 위의 책 자료34-러시아편1, 이 훈령에 1908년 5
　　월 12일자 국무대신의 지시 672호의 내용이 기록되어 있다.
155) 전후 20회에 달하는 러시아 정부훈령이 연해주 러시아 사령관에게 내려졌
　　다.(국편, 위의 책 자료34-러시아편1의 여러 내용 참조)

동에 가명으로 참가할 수밖에 없다고 하겠지만, 한편, 현지에서
그의 확실한 위상으로 보아 가명의 사용이 또 불가능한 요인도
된다. 만약 가명으로서의 그의 활동이 노출되었을 때 일제가 러시
아 정부에 가하는 압력에 의해 그 자신에게 돌아오는 책임을 감
당할 수 없기 때문이다.156)

류인석은 연해주 한국의병의 창의대장이다. 아울러 국내의병의
창의대장이다. 1908년 6월 하순경 연해주의병을 창의하고 연해주
의병이 안중근 등을 단위대장으로 하여 국내에 진공하여 승패를
거듭할 때 류인석은 통합창의대장으로 역할을 수행하였다. 류인석
은 1908년 4월 말경 블라디보스토크에서 이범윤, 안중근 등 연해
주에서 독립운동을 펼친 의병장들과 한국의병의 창의를 합의하고
귀국하면서 5월 문인이 많은 개천에 들려 국내의병을 정비한 것
이 이를 증거 한다.157)

1908년 6월 하순 연해주의병의 창의를 실현하고 창의대장에
오른 류인석은 국내진공을 안중근 등 젊은 부하 대장에게 맡기고
바로 국내에 들어와서 국내의병을 정돈하고 확충하기 위해 노력
하는 정황이 보인다. 1908년 7월 중순경 평안북도 초산에 들려
모병과 모금활동으로 국내의병의 호응체제를 구축하고자 하였
다.158) 연해주의병의 창의대장이 국내에 진공하는 시기에 이와

156) 졸고, 「연해주 한국의병 총대장 김두성 연구」, 『의암학연구』 제10호, 2013,
    298~300쪽: 박환, 『시베리아 한인 민족독립운동의 대부 최재형』, 역사공간,
    2008, 117~119쪽.
157) 국편, 「1908.5 평안도 정보-헌기 216」, 『독립운동사료』 11-의병편4, 157
    쪽.
158) 국편, 「기밀통발 940」, 『통감부문서』 5, 152쪽.

같이 국내에서 독자적으로 모병, 모금 일에 활동하고 있다는 사실
은 그가 국내와 국외를 함께 주관하는 통합창의대장임을 입증해
주는 것이다.159)

또한 류인석이 한국의병의 통합창의대장으로서의 역할을 입증
하는 자료는 국내의병장들이 류인석의 의병활동을 지원하기 위해
서 그의 의병진으로 모이거나 부하를 류인석에게 파견하는 기록
에서 찾아볼 수 있다. 이들은 대개 류인석과 함께 국내에서 창의
활동을 수행한 경험이 있거나 그의 휘하에 있던 의병장들이다. 이
들 중에는 정미의병의 13도창의군도총재 이인영李麟榮 1860~1909, 정미
의병의 원주의병 창의대장 이은찬李殷贊 1878~1909 등이 포함되어 있
다.160)

다시 류인석의 문집을 참조하면 1908년 음력 5월에 서울에 돌
아온 기록 다음에 황해도 평산의 문인 신재봉申在鳳 1861~1907을 조문
한 기록이 보인다.161) 그리고 그 다음 기사가 음력 7월로 연해주
에 망명이다.162) 이 뜻은 류인석이 황해도 평산에 7월경음력 6월경
들렸을 것이다. 다시 8월경 부산 동래를 떠나 러시아로 향하였다.

러시아 망명 중에 1908년 8월 20일 원산에 잠시 기착하여 의

---

159) 국편, 「폭도수괴 체포건 예산군 금평면 하현동-충남경수 188」, 『독립운동
   사료』13-의병편6, 547~548쪽: 졸고, 「연해주 한국의병 창의대장 의암 류
   인석」, 앞의 책, 83~84쪽.
160) 국편, 「1908.8 평안도 정보-헌기 441」, 『독립운동사료』11-의병편4, 516
   쪽.
161) 류인석/독립기념관 편역, 「연보」, 『국역 의암집』인, 제천문화원, 2009,
   1908년 2월조, 817쪽. 저서명 『의암집』권차로 표기한다. 사건이 발생한
   때는 편의상 '몇 월조(또는 일조, 봄조 등)'로 기재한다. 이하 류인석 저·
   독립기념관 편역은 '류인석'으로 약기한다.
162) 류인석, 「연보」, 『의암집』인,, 1908년 7월조, 817쪽.

병활동을 수행하는 기사가 독립운동사료에 나타나며,163) 그해 9월 초 추석 전에 블라디보스토크 경유 연해주에 들어갔다.164)

위 일정 중 1908년 4월 블라디보스토크의 창의결의와 귀로의 개천에서의 모병, 모금활동은 창의 전 준비과정이다. 또 6월 하순으로 추정되는 연해주의병 창의 이후에 있었던 류인석의 활동은 창의과정이다. 이들을 정리하면, 1908년 4월 하순경 블라디보스토크에서 창의 모의~6월 하순경 창의~7월 중순경 평안북도 초산에서 모병 활동~7월 말경 황해도 평산의 신재봉 상가 조문-8월 10일경 부산 동래에서 러시아 출행~8월 20일 함경남도 원산에 들려 의병활동~9월 초 추석 전 블라디보스토크에 도착하여 추석을 보냈다.

여러 근거에서 류인석은 연해주의병 창의대장이며 국내 창의대장으로 국내외 한국의병을 모두 통솔하는 통합창의대장임을 논증하였다. 그러나 실제 그의 행적을 유심이 살펴볼 때 그가 연해주의병의 본진에서 전투를 직접 지휘한 시간적 여유는 크게 많지 않다. 연해주의병의 지휘체제가 창의대장 김두성 아래 부장수로 이범윤 등, 국내 진공대장 안중근 등으로 표시된 기록의 의미이다. 즉, 창의대장은 김두성류인석의 가명이지만 직접 현지에서 전투를 지휘하는 대장은 부장수 중심임을 말한 것으로 본다. 국내창의에서도 창의대장 류인석, 정용대가 이를 증거 한다.

이런 경우 같이 의병활동을 하면서도 류인석이 창의대장이라는

---

163) 국편, 「1908.12 평안도(평안남도 개천 분견소장 내보)-헌기 1079」, 『독립운동사료』12-의병편5, 1983, 627~628쪽.
164) 류인석, 「권2 시」, 『의암집』천, 172쪽.

우덕순禹德淳 의사義士

사실을 알 지 못할 정도로 소홀히 기억하는 경우도 발생할 수 있다. 안중근과 함께 연해주의병에 참가했던 우덕순禹德淳 1880~1950조차도 그의 회고담에서 창의대장으로 이범윤만을 거론하였다.165) 당시 한국의병의 체제는 류인석이 창의대장을 맡아 지휘체제를 상징적으로 장악하는 형태인 것으로 파악되는 증거이다.

실제적으로는 국내의 의병활동에 대해서도 류인석이 창의대장이나 정용대 등과 같은 각 지역대장에게 권한을 위임하고, 연해주의병은 그곳 사정에 익숙한 이범윤, 최재형이 창의대장의 권한을 위임 받아 운영하였을 것으로 여겨진다. 총대장 김두성-부장수 이범윤 등의 체제가 이를 입증하며 부대장이 지휘하는 조직이다.

그런 가능성은 첫째, 류인석이 의병전쟁 일선에서 투쟁하기에는 67세의 고령으로서는 무리이다. 또한 복잡한 국내외 의병체제를 집중하여 통할하는 것은 단독 지휘관으로는 한계가 있다. 기록을 살펴볼 때 류인석이 연해주의병 창의에 실제 참여한 시기는 단기간에 불과하다. 1908년 4월 말경 창의모의에 이범윤, 안중근 등과 함께 참석하고 바로 국내에 들어와 국내 의병세력을 규합하였

---

165) 우덕순, 「우덕순 선생의 회고담」, 『안중근의사자료집』, 국학자료원, 1999, 195쪽.

다. 다시 6월 하순경 창의하고 곧 국내에 들어와 7월 중순경에는 초산에서 의병활동을 했던 기록이 이 사실을 말해준다. 그 후 다시 9월 초에 연해주에 들어갔다. 실제 6월 말~7월 초에 두만강을 건너 안중근 등 장수가 국내에 진공하여 의병전쟁을 벌리고 있을 때는 국내에서 호응할 의병진을 점검하고 있었다.

3. 안중근의 의병활동과 류인석

1) 안중근의 연해주 정착과 창의 준비

(1) 신문과 연설에 의한 창의 홍보

안중근의 연해주의병 참여는 1907년 10월 러시아 연해주에 도착함으로 시작되었다. 연해주에 간 목적이 조국의 독립을 위한 의병활동에 있었음으로 이 방향의 여러 일이 시작되었다. 우선 연해주에 벌써 10여 년 전 건너와 블라디보스토크에 정착한 충청도 사람인 이치권李致權에게 몸을 의탁하였다. 이때 만난 사람이 충북 제천堤川 출신의 우덕순이며 후에 하얼빈의거를 함께 모의하고 실천했다. 두 애국자는 처음 만나면서 같은 애국의 방향에 지기상통志氣相通하였다.

연해주 일대의 정황을 파악한 안중근은 본격적으로 의병 봉기를 촉구하는 일에 나섰다. 학교를 세워 교육 일선에 섰었고, 사업가로서의 경륜을 가졌던 그의 애국철학은 교육으로 국민의 정신을 깨우치고, 실업을 진흥하여 나라의 힘을 기르는 것이 우선임을 제창하였다. 블라디보스토크에서 안중근은 한국독립 촉진을 위한 비밀결사체인 계동청년회에 가입하여 임시감찰의 직책으로 활동하였다. 이런 일을 중심으로 안중근은 일제의 억압적 정치를 전복하는 길에 나섰다. 계동청년회에서 활동할 때 그의 확실한 추진력과 큰 도량은 이후 그가 연해주에 안착하는데 긍정적인 영향을 미치었다.166)

이와 같이 창의를 목적으로 활동하는 과정에서 안중근은 러일전쟁 전에 북간도北間島 관리사를 지낸 이범윤을 만났다. 러일전쟁에서 러시아가 패전하자 러시아군을 따라 연해주에 건너온 이범윤에게 안중근은 연해주의병 창의의 선봉이 되기를 간청하였다. 이때 이범윤이 재정과 군기의 미흡함을 내세워 머뭇거리는 태도에 안중근은 크게 실망했다.167)

안중근이 연해주에서 중망을 얻은 이면에는 그의 지식인으로서의 식견이 큰 작용을 한 이유일 것이다. 그가 남긴 많은 유묵은 물론 기고한 글이나 연설문이 이를 대변한다. 안중근은 해서의 거유 후조 고석노後凋 高錫魯 1842~1922, 고능선高能善에게서 자치통감 9권까지 배웠다. 고석노는 화서학파 류중교의 제자이다. 또 천주교에 입교하여 서양문물의 습득은 물론 프랑스어를 배웠다.168) 조부 안인수의 덕망과 이때 가문에서 초빙한 한문 가정교사 고석노에게 배운 의리사상의 교육과 서양을 익힌 넓은 안목에서 창의와 조국독립의 확실한 신념이 천착한 것으로 여겨진다.

안중근의 지식인으로서 탁월한 식견과 세계관은 그의 기고에서 알 수 있다. 이때는 류인석과 만나 연해주의병 창의를 모의하기 전으로 독자적 행동을 가졌을 때이다.

『해조신문』, 「긔셔寄書」에 실린 「일심결합론一心結合論」이다.

---

166) 박환, 『민족의 영웅, 시대의 빛 안중근』, 도서출판 선인, 2013, 59~62쪽.
167) 안중근, 앞의 책, 65~68쪽.
168) 박환, 앞의 책, 10~12, 20~27쪽.

귀보 논설에 인심이 단합하여야 국권을 흥복하겠다는 구절을 읽고 격정한 사연과 고상한 의미에 깊이 감복하여 천견박식으로 한 줄 글을 부치나이다.

대저 사람이 천지만물 중에 가장 고귀한 것은 다름 아니라 삼강오륜을 아는 까닭이다. 그런고로 사람이 세상에 처함에 제일 먼저 행할 것은 자기가 자기를 단합하는 것이오. 둘째는 자기 집을 단합하는 것이오. 셋째는 자기 국가를 단합하는 것이니, 그러한즉 사람마다 마음과 육신이 연합하여야 능히 생활할 것이오. 집으로 말하면 부모처자가 화합하여야 능히 유지할 것이오. 국가는 국민 상하가 상합하여야 마땅히 보전할지라.

슬프다! 우리나라가 오늘날 이 참혹한 지경에 이른 것은 다름이 아니라 불합병不合病이 깊이 든 연고로다. 불합병의 근원은 교오병驕傲病이니 교만은 만악萬惡의 뿌리라.

설혹 도적놈도 몇이 합심하여야 타인의 재산을 탈취하고, 잡기꾼도 동류가 있어야 남의 돈을 빼앗나니, 소위 교만한 사람은 그러지 못하여 자기보다 나은 자를 시기하고 약한 자를 능모하고 같으면 다투나니 어찌 합할 수 있으리오. 그러나 교오병에 약은 겸손이니 만일 개개인이 다 겸손을 주장하며 항상 자기를 낮추고 타인을 존경하며 책망함을 찾아 받고 잘못한 이를 용서하고 자기의 공을 타인에게 돌리면 금수가 아니거든 어찌 서로 감화치 않으리오.

옛날에 어떤 국왕이 죽을 때에 그 자손을 불러 모으고, 회초리 나무 한 묶음을 나누어 주며 각각 한 개씩 꺾게 하니 하나하나가 잘 부러지는지라. 다시 분부하여 합하여 묶어 놓고 꺾으려고 하니 아무도 능히 꺾지 못하는지라. 왕이 말하기를 저것을 보아라. 너희가 만일 나 죽은 후에 형제간 산심散心되면 남에게 용이하게 꺾일 것이오. 합심하면 어찌 꺾이는 바가 되리오 하였다 하니, 어찌 우리 동포는 이 말을 깊이 생각하지 않으리오.

오늘날 우리 동포가 불합한 탓으로 삼천리강산을 왜놈에게 빼앗기고 이 지경이 되었도다. 오히려 무엇이 부족하며 어떤 동포는 무슨 심정으로 내정을 정탐하여 왜적에게 주며 충의한 동포의 머리를 베어 왜적에게 바치는가. 통재라. 철천徹天하여 공중에 솟아 고국산천 바라보니 애매한 동포의 죽는 것과 무죄한 조선의 백골 파는 소리 참아 듣고 볼 수 없네.

여보, 강동 계신 동포, 잠을 깨고 정신 차려 본국 소식 들어보오. 당신의 일가친척 대한 땅에 다 계시고 당신의 조상 백골 본국 강산에 아니 있소. 나무뿌리 끊어지면 가지를 잃게 되며 조상 친척 욕을 보니 이내 몸이 영화될까 비나이다.

여보시오, 우리 동포. 지금 이후 시작하여 불합不合 두 자 파괴하고 단합團合 두 자 급성急成하여 유치자질幼稚子姪 교육하고 노인들은 뒷배 보며 청년 형제 결사하여 우리 국권 어

서 빨리 회복하고 태극 국기를 높이 단 후 처자 권속 거느
리고 독립관에 재회하여 대한제국 만만세를 육대부주 흔
동하게 일심단체 불러보세.169)

이 글은 「인심단합론人心團合論」이라고도 말하며 1908년 3월 21일
자 신문의 「기서」란에 특별한 제목 없이 게재되었다. 기서란 부친
글이란 뜻이니 일종의 독자 투고에 해당한다.

『해조신문』은 러시아 지역 한인들의 오랜 노력 끝에 창간된
다. 이범진이 독자적인 신문 발행의 필요성에 관심을 가졌고, 전
우田愚 1841~1922의 문인인 정순만鄭淳萬이 이를 추진하였다. 1907년 러
시아 군인 듀코프 중위의 명의로 간행을 청원하고, 블라디보스토
크 한인 사회의 핵심 인물 가운데 한 사람인 최봉준崔鳳俊 1859~1917의
기부금으로 운영 자금을 마련했으며, 한국에서 장지연을 주필로
초청하였다. 이렇게 해서 이범진이 4만 5천 명으로 추산한 블라
디보스토크 한인의 독자적 신문이 창간된 것은 1908년 2월 26일
이다.170)

안중근의 「일심결합론」은 동포의 마음을 사로잡기에 충분할 만
큼 훌륭한 명문이다. 그를 불학무지한 테러리스트로 규정한 일제
의 평가와는 크게 다르다. 안중근은 연해주의병 창의의 필요성을
염두에 두고 신문투고 외에 연해주 각지를 돌며 동포를 상대로
그들의 창의의지를 고취하는 여러 번의 연설회를 가졌다.

---

169) 박환, 앞의 책, 69~70쪽.
170) 황재문, 앞의 책, 186~187쪽.

이때 행한 안중근의 연설에서 중요한 부분은 본국이 왜적에게 유린당한 형편에서 러시아 동포들이 일어나서 본국을 구원하자는 내용이 며 그 뜻 속에는 연해주의병 창의와 이에 따른 국내의병의 협동전략이 담겨있다. 아울러 러일전쟁 때 일본이 동양평화와 그 구체적 내용으로 한국독립을 약속했으나 이를 식언한 사례를 들어 신의 없는 일본을 비판했다. 특히 을사년 오조약五條約과 정미년 칠조약七條約을 강제로 맺고 황제를 폐한 무도한 사실을 예로 들었다.

구체적으로 철도・광산・산림・천택川澤을 빼앗고 관청을 그들의 병참 중심으로 활용하고 조상의 묘소를 파헤쳐 군용지라는 팻말을 꽂아 조상의 얼을 말살하려는 만행을 고발했다. 이런 이유로 삼천리강산에 2천 만 민족이 일제히 분발하여 의병을 일으킨 국내의 창의 사례를 들어 연해주의병 창의의 당위성을 촉구했다. 특히 남의 강토를 빼앗고 한국 사람을 죽인 왜적이 폭도인가, 빼앗긴 제 나라를 지키고 외적을 물리치기 위해 분연히 일어난 의병이 폭도인가를 물어 연해주 동포의 궐기와 의병 참여를 독려했다.

안중근의 연설에서 특이한 대목은 이미 이토 히로부미의 저격을 암시한 것이며, 이토 히로부미를 한국 침략 야욕의 원흉으로 매도한 것이다. "한국에 대한 정략이 이같이 포악해진 근본을 논한다면, 그것은 이른바 일본의 대정치가 늙은 도둑 이토 히로부미의 폭행일 것이다. 또 한국민족 2천 만이 일본의 보호를 받고자 원하고, 그래서 지금 태평무사하며 평화롭게 날마다 발전하는 것처럼 평계하고 있으며, 위로 천황을 속이고 밖으로 열강들의 눈과

귀를 가려 제 마음대로 농간을 부리며 못하는 짓이 없으니, 어찌 통분할 일이 아니겠는가"라고 그를 지목하였다.

한국민족이 분연히 일어나서 큰 도둑 이토 히로부미를 죽이지 않는다면 한국은 없어질 것이고, 동양도 또한 말살될 것으로 원흉의 제거를 암시하고 모두 이 길에 매진할 것을 동포에게 주문했다. 안중근은 나라 없는 백성이 치욕의 굴레를 쓰고 살아갈 때 러시아가 한국인을 대접할 리 없다는 논리적 방어막을 치고 러시아 한인동포의 분기를 북돋았다.

한국이 망해 한국인이 모국을 잃었을 때 러시아에 거주하는 동포가 한국에 있는 동족을 돕지 않은 경우 러시아의 향배를 예로 들었다. 그 경우 동족도 모르는 민족이면 다른 종족을 사랑할 이치가 없음으로 당연히 한국인은 쓸모없는 민족으로 낙인 찍혀 러시아 국경 밖으로 축출될 것임을 역설하여 국권회복을 위한 창의에 참여를 권장했다.171)

안중근이 의병에 참여를 권장하는 러시아 한인동포에 대한 특별히 중요한 연설의 일부를 적는다.

지금 한국에서는 내지 13도 강산에 의병이 일어나지 않은 곳이 없으나 만일 의병이 패하는 날에는, 슬프다 저 간사한 도둑놈들은 좋고 궂고 간에 덮어놓고 폭도란 이름을 붙여 사람마다 죽일 것이요. 집집마다 불을 지를 것이니,

---

171) 안중근, 앞의 책, 67~70쪽.

그런 뒤에 한국민족이 된 사람들이 무슨 면목으로 세상에 나갈 수 있겠습니까.

그러나 오늘, 국내 국외를 막론하고 한국인들은 남녀노소 할 것 없이 총을 메고 칼을 차고 일제히 의거를 일으켜 이기고 지고, 잘 싸우고 못 싸우고를 돌아볼 것 없이 통쾌한 싸움 한 바탕으로써 천하 후세의 부끄러움을 면해야 할 것입니다. 만일 이같이 애써 싸우기만 하면 세계열강의 공론도 없지 않을 것이니, 독립할 희망도 있을 것입니다. 더구나 일본은 불과 5년 사이에 러시아, 청국, 미국 등 3국과 더불어 전쟁을 하게 될 것이니, 그것이 한국의 큰 기회가 될 것입니다. 이때 한국인이 만일 아무런 준비도 하지 않았다면, 설사 일본이 져도, 한국은 다시 다른 도둑의 손 안으로 들어갈 것입니다.

그러므로 오늘로서 한번 의병을 일으키고부터는 계속해서 끊이지 않아서 큰 기회를 잃지 말아야 할 것이오. 스스로 강한 힘으로 국권을 회복해야만 건전한 독립이라 할 수 있을 것입니다.

그야말로 자기 스스로 할 수 없다는 것은 만사가 망하는 근본이오. 자기 스스로 할 수 있다는 것은 만사가 흥하는 근본이라는 말 그대로입니다. 그러므로 "스스로 돕는 자를 하늘이 돕는다" 하는 것이니 여러분에게 묻습니다. 앉아서 죽기를 기다리는 것이 옳습니까. 분발하여 힘을 내는 것이 옳습니까. 이렇고 저렇고 간에 결심하고 각성하고

깊이 생각하여 용기 있게 전진하시길 바랍니다.172)

안중근은 이와 같이 연해주에서 한국의병 창의의 필요성을 신문을 통한 논설로 또 직접 가두연설로 연해주 거주 한인에게 양면으로 역설했다.

안중근의 이 연설에는 해방 후 좌우익이 대립하고 강대국이 신탁통치 문제를 들고 나와 나라의 장래가 어렵던 때를 생각하면 시사하는 교훈적 가치가 크다 할 것이다. 민족이 단합하고 단합된 행동으로 해방정국을 맞았다면 새로운 조국 건설이 한결 빠를 수 있고 분단된 조국의 운명을 받아들이지 않을 수도 있지 않았나 하는 생각이다. 안중근의 「일심결합론」이나 힘을 길러 일본이 패망할 때를 가상한 방향 설정은 선각자의 훌륭한 교훈이다.

(2) 동의회 창설과 안중근의 역할

연해주의병 창의를 위한 다음 단계는 실제적으로 한국독립을 위한 결사단체인 동의회에 가입하여 그 준비를 실천에 옮기는 것이다. 그 중심은 연해주지역의 최재형과 이범윤, 상트페테르부르크의 이범진과 이위종 등이었다. 안중근은 이렇게 연추에서 조직되고 있던 동의회의 발기회에 참여하였다.

동의회의 발기인은 지역적으로 크게 연추, 수청과 상트페테르부르크 세력으로 나눌 수 있다. 연추 세력은 안중근을 비롯하여 최재형, 이범윤, 지운경, 장봉한, 전제익, 전제악, 이승훈, 이군포, 엄인섭, 백규삼, 강의관, 김기룡 등이다. 다음 수청 세력은 조순서,

---

172) 박환, 앞의 책, 71~72쪽.

장봉근, 백준성, 김치여 등이다. 그리고 상트페테르부르크 세력으로는 이범진, 이위종 부자 등이다. 결과적으로 동의회는 상트페테르부르크 세력의 후원 아래 연추 지역을 중심으로 여기에 수청 지역의 인사들이 가담해 조직된 것이라 할 수 있다.

동의회 발기인들은 1908년 4월 연추 얀치혜 최재형의 집에서 회의를 열고 동의회를 조직할 것을 결의하였다. 이어서 5월 수백 명의 동포가 참석한 가운데 총회를 개최하고 총장, 부총장, 회장, 부회장, 기타 임원의 선거를 시행하였다. 그 대강의 내역은 다음과 같다. 안중근은 평의원으로 가담하였다.

총　　장 : 최재형崔才亨

부총장 : 이범윤李範允

회　　장 : 이위종李瑋鍾

부회장 : 엄인섭嚴仁燮

서　　기 : 백규삼白圭三

평의원 : 안중근安重根, 이경화李京化, 김기룡金基龍, 강창평姜昌平,
　　　　　최천오崔天五, 황동철黃東哲, 정순만鄭亨萬, 전명운田明雲,
　　　　　이홍기李鴻基, 김용환金龍煥, 한경현韓景鉉 등 총 20~30
　　　　　여 명

1908년 5월 10일 동의회는 조직을 널리 알리기 위해 블라디보스토크에서 간행되던 한글 민족지 『해조신문』에 그 취지를 게재하였다. 「동의회 취지서」에서 안중근 등은 당시 조선의 상황에

대해 동포에게 알림으로써 창의의 필요성을 고무하는 내용을 중
심으로 삼았다. 위로는 국권이 소멸되고 아래로는 민권이 억압되
고 있다고 통탄한 뒤 민족정신의 함양, 지식을 통한 실력 양성,
단체조직을 강조하였다. 그리고 "우리는 한 단체를 조직하고 동의
회라 이름을 발기한다"고 명시하였다.173)

　동의회 창립은 연해주의병 창의와 매우 밀접한 관련이 있다. 창
립을 주도했던 상트페테르부르크의 한 세력인 이범진이 희사한 1
만 루불, 연추의 한 세력인 최재형의 희사금 1만 3천 루불, 모금
액 6천 루불 등이 창의의 기본 자금이 되었고 총기 100정을 수집
하여 창의를 준비하는 수순을 밟았다는 것에 대해서는 이미 기술
하였다.

　연해주의병의 창의시기인 1908년 4월 하순경과 4월 어느 때
동의회 창립 준비를 연관시킬 때 동의회 창립 준비는 연해주의병
창의를 위한 실무적 모임이다. 그 주요 인사인 이범윤, 안중근 등
이 류인석과 함께 블라디보스토크 연해주의병 창의를 위한 모임
에 참석하여 6월 창의에 대한 결의를 한 것으로 여겨진다. 동의회
창립취지에서 "교육을 통한 조국정신 배양과 지식을 밝히며 실력
을 길러 단체를 맺고 일심동맹하자"는 내용은 분명 창의와 관계
된 모임이라는 사실을 알 수 있다.174)

2) 김두성과 안중근의 의병창의

　안중근은 연해주의병 총대장 김두성 휘하의 참모중장 자격으로

173) 박환, 앞의 책, 74~76쪽.
174) 박환, 앞의 책, 90쪽.

의병전쟁에 참가하였다고 그의 자서전에 기록하였다. 총대장 김두
성이 류인석의 가명으로서 의병대장임을 확인하면 안중근이 창의
대장 류인석 아래에서 참모중장 자격으로 의병전쟁에 참여한 사
실이 확인된다. 앞의 일부 논증을 다시 거론한다. 이 논증의 중요
성은 류인석과 안중근의 연해주의병 활동에서의 관련성을 규명하
기 위해 반드시 필요하기 때문이다.

아래 자료를 다시 살펴본다.

그 때 김두성과 이범윤 등이 모두 함께 의병을 일으켰다.
그 사람들은 전일에 이미 총독과 대장으로 피임된 이들이
요. 나는 참모중장의 직책으로 피선되었다. 우리는 의병과
군기 등을 비밀히 수송하여 두만강 근처에서 모인 다음 큰
일을 모의하였다.175)

1908년 6월 연해주의병 창의 때 총대장이 김두성인 것으로
안중근은 하얼빈의거 후 여순 옥중의 공판과정에서 주장했으나,
일제 수사기관의 어떤 정보 보고에도 김두성이라는 이름은 창의
시점에서 거론되지 않았다. 이런 의미에서 김두성의 실체에 대해
의문을 가질 수 있다.

이때 김두성이 거느린 대장으로 이범윤 등을 두었음으로 총독
김두성-대장 이범윤 등-참모중장 안중근 체제이다. 안중근은 그

---

175) 안중근, 앞의 책, 73쪽.

의 자서전을 여순 옥중에서 집필하였다. 이에 대한 일반적인 평가
는 그가 죽음을 앞두고 천주교 신앙인으로서 매우 경건하게 본인
의 일생을 정리했다고 전해진다.176) 즉, 보편적으로 사실에 가깝
다는 중론으로 거짓 없이 사실을 기록한 것이다.

　연해주의병은 두 가지 계통으로 편성되어 있었다. 최재형을 정
점으로 한 동의군 의병과 이범윤 세력이 주축이 되어 편성한 창
의군 의병이다.177) 그러나 러시아 공민인 최재형은 실제로 한국
의병을 지휘하는데 한계가 있었음이 확실하다. 아울러 이범윤과
최재형의 반목으로 두 사람 모두 연해주의병의 총대장을 맡기에
결격사유가 있음은 이미 설명했다.

　그런 사정이라면 연해주의병진에서 '이범윤 등'이 김두성 휘하
의 대장으로 거론된 경우 그 '등'의 개념에 최재형이 포함된 것으
로 볼 수 있다. 즉, 총독 김두성-대장 이범윤·최재형으로 체제가
편성될 수 있다. 연해주의병에서 '대장 이범윤 등'이라고 표기한
이면에는 우선 최재형의 포함을 가상할 수 있다는 뜻이다. 동의군
과 창의군 대장으로 각각 김두성 대장 휘하의 부대장의 직책을
맡았다.

　위 내용에서처럼 김두성을 총대장으로 그의 지시를 받는 휘하
참모중장 안중근이라면 그는 김두성의 영향 아래 의병활동을 수
행한 것이다. 특히 총독 김두성-대장 이범윤 등의 체제이며 이는
앞으로 김두성의 실체를 파악하는데 중요하다. 즉 이범윤 등의 직

---

176) 황재문, 『안중근 평전』, 한겨레출판, 2012, 10~19쪽.
177) 박환, 앞의 책, 79~80쪽.

속상관으로서 1인의 창의대장을 지목한 것이다.

　다음은 독립운동사료에 기록된 일제 헌병대의 심문에서 연해주 의병 체제에 대한 진술이다. 안중근이 직속상관으로 거론한 총독 김두성은 누구인가. 이 기록을 토대로 김두성의 실체를 다시 파악한다. 즉, 일반적으로 사람들이 말하는 김두성은 창의대장 류인석의 가명이라는 앞장에서의 설명을 더 확실히 증거하는 절차이다.

　"팔도의 총독은 김두성이라 부르며, 강원도 사람이지만 지금의 거처는 모른다. 그 부하에는 허위, 이강년, 민긍호, 홍범도, 이범윤, 이은찬, 신돌석 등이 있지만 그 중에는 지금 없는 사람도 있다"178)라고 기록한 자료에서 김두성의 실체를 규명하는 것이다. 김두성이 류인석의 인물 특징과 같다면 두 사람이 동일인이 된다.

　1부 연구에서 이미 여러 의병장과 류인석의 관계를 설명했다. 모든 의병장들이 류인석의 휘하에서 의병활동을 했거나 아니면 그와 다른 인연을 가진 의병장들이다. 김두성과 관련 있는 의병장들은 마찬 가지로 류인석과 관련이 있다. 따라서 김두성이라는 의병장은 류인석이라는 창의대장과 몇 가지 조건에서 일치한다.

　그러나 이러한 객관적인 적합성에도 불구하고 김두성과 류인석이 같은 인물이 되기에는 지금까지 연구에서 두 사람이 시간과 공간을 달리했다는 것이 맹점이다. 이 부분 연구는 이미 1부에서 다루어 진 것이지만 이해를 돕기 위해서 좀 더 설명하려 한다. 지금까지 여러 연구에서 김두성이 류인석의 가명이라는 개연성에

---

178) 국편, 「공판시말서」1-1910.2.7, 『독립운동사료』6-안중근편1, 1976, 333
　　쪽: 안중근이 공판에서 잘못 진술한 이름들을 조동걸이 바로 잡았다.(조동
　　걸, 앞의 논문, 앞의 책, 30쪽)

대해서는 인정하나 확실한 논거자료로써 입증한 연구가 없기 때문이다.

다시 말하면 김두성은 1908년 6월 말경 연해주의병을 창의하고 총대장이 되었음으로 당시 연해주에 실재한 인물이다. 이와 달리 류인석의 경우 국내에서만 의병활동을 하다가 같은 해 9월 초 추석 전에 처음 연해주에 들어갔다면 그는 연해주의병 창의 때 연해주에 있지 않고 국내에 있었던 인물이 된다. 즉, 연해주의병 창의 때인 6월 말경 연해주에 있었던 김두성은 같은 때 국내에 있었다고 말하는 류인석과 같은 사람이 되기에 시時·공空을 공유하지 않았다는 걸림돌이다.

그러나 이 연구에서 독립운동사료의 류인석 관련 기사가 있는 특정 부분의 자료헌기 432호를 세밀히 고증함으로써 자료의 신빙성을 먼저 검증하여 선행연구자들이 독립운동사료의 가치를 인정하지 않거나 소홀해 했던 자료 활용의 일반적 관행이 잘못임을 입증하였다. 즉, 자료가 옳다는 전제 조건 아래 그 올바른 자료를 이용한 연구결과를 이끌어 냄으로써 믿을 수 있는 연구 성과를 도출할 수 있다.

그 결과는 류인석이 1908년 4월 말경 연해주에서 이범윤을 만나 연해주의병의 창의계획을 합의하였다. 다시 6월 말경 연해주에서 창의하고 이범윤 등을 부장수로 둔 창의대장에 추대되었다. 즉, 창의대장 류인석-부장수 이범윤 등으로 연해주의병 체제가 완성된다. 연해주의병의 창의대장이 두 사람이 아니라면 당연히 김두성은 류인석의 가명이다.

안중근의 진술에서도 총대장 김두성-부장수 이범윤 등으로 한국의병진의 창의대장이 단수임을 밝히고 있다. 따라서 류인석과 김두성으로 지칭되는 연해주의병 창의대장의 활동시기와 장소가 같다는 논증으로 "김두성은 류인석의 가명으로서 연해주의병의 창의대장이다"라는 결론이 도출된다.

다시 말하면, 안중근이 연해주의병 총대장 김두성-부장수 이범윤 등과 함께 거론함으로써_{자서전에는 총독 김두성-대장 이범윤 등-참모중장 안중근} 창의대장 류인석-부장수 이범윤 등과 연관지울 때 이미 류인석이 창의대장에 추대된 것을 은연중 입증해주었다고 볼 수 있다. 1908년 6월 연해주의병 창의 때 이범윤 등의 상관으로서 다른 창의대장의 존재를 인정한 것이다. 김두성이 갖는 인물의 특징이 류인석과 같다면 자연스럽게 당시 총대장 김두성은 류인석으로 귀결 지워진다.

연구자들 중에는 연해주의병 창의대장 김두성을 실제 인물이 아닌 허상의 가공인물일 것이라고 말하기도 하나, 다른 연구에서 김두성의 이름이 나타나는 것으로 보아 가명의 의병장임이 확실하다. 한 연구의 사례를 옮긴다. 비록 1차 자료에 의한 2차의 결과물이지만 저자의 의도는 받아드려야 할 것이다.

"그때 노령 거주 한교를 대별하면 대일무력파와 자중파의 양파로 분류할 수 있다. 무력파武力派의 주요 인물들은 전 주노·불공사 이범진, 이위종 부자와 이범윤, 서일, 김두성 등이다. 자중파自重派의 주요 인물로는 최재형과 최봉준을 들었다"179)에서 김두성은

---

179) 이전, 「안중근혈투기」, 『안중근전기전집』, 국가보훈처, 1999, 687쪽.

이범진 등 여러 사람과 같이 실재 인물로 거론함으로써 허명이 아니다. 또한 그는 최재형과 다른 인물임으로 김두성을 최재형으로 말하는 일부 연구가 잘못임을 알 수 있다.

3) 연해주의병 창의대장 류인석

독립운동사료의 '1908년 8월 일제 수사기관의 정보-헌기 450호'에서 이범윤과 류인석이 함께 창의한 사실을 기록한 내용을 앞에서 설명했다.180) 단지 누가 창의대장이고, 또 누가 부대장인지의 분별이 불가능하다. 그럼에도 불구하고 이범윤과 류인석이 연해주의병을 창의한 사실은 확인된다. 그러나 독립운동사료의 '1908년 8월 평안도 정보-헌기 441호'에서 창의대장이 류인석이며 부대장이 이범윤이라고 명시하고 있다.181)

즉, 두 독립운동사료에서 연해주의병 체제는 창의대장 류인석-부대장 이범윤이다. 이범윤을 지휘하는 상관은 류인석임이 입증되었다. 자서전에서 총독 김두성-대장 이범윤 체제는 위 내용인 '헌기 441호'의 연해주의병 체제에서 부대장으로 함께 이범윤을 거느렸다는 것과 같은 내용임을 알 수 있다. 이를 구체적으로 풀이하면 이범윤은 연해주의병 체제에서 직속상관으로 김두성이라는 가명으로서의 류인석을 지휘관으로 받든 것이다. 이와 같이 독립운동사료와 자서전에서 이범윤의 직속상관이 한 사람이라는 기록의 일치는 독립운동사료의 신빙성을 설명하는 것이다.

또한 일제의 수사, 정보기록에 의하면 김두성의 행적수사는 단

---

180) 국편, 「1908.8 함경도 정보-헌기 450」, 『독립운동사료』 11-의병편4, 603쪽.
181) 국편, 「1908.8 평안도 정보-헌기 441」, 『독립운동사료』 11-의병편4, 516쪽.

지 세 번에 불과하다. 세 번 중 한 번은 안중근이 진술한 내용이
고, 한 번은 그 내용을 『대한매일신보』가 보도한 기사이다. 그
렇다면 단 한 번의 수사기록밖에 김두성의 행적추적이 없다는 뜻
이다. 그러나 류인석을 추적하는 자료는 수없이 많다. 이 뜻은 이
미 일제 수사기관이 김두성과 류인석을 같은 사람으로 판단하였
으며, 실명은 류인석이라고 알고 있었다는 뜻이다.

　독립운동사료의 '1908년 8월 함경도 정보-헌기 432호'를 다시
살펴본다.182) 이 기사에서 중요한 논점은 류인석이 4월 말경 만
주 길림성을 경유하여 이범윤을 만나기 위해 블라디보스토크로
가서 함께 연해주에서 의병을 일으킬 것을 모의한 사실이 우선
중요하다. 이런 결의를 한 후 6월 하순경 다시 이범윤을 만나기
위한 목적으로 길림성을 떠났다는 기사이다.

　4월 말경 연해주의병 창의를 약속했던 두 사람이 두 달 후 연
해주에서 다시 만나는 계획을 가졌다면 그 목적은 창의의 실천
외에 다른 일을 생각할 필요가 없을 것이다. 그러나 명시적 기록
이 아님으로 류인석이 이범윤을 만난 것이 반드시 창의의 목적인
가하는 의구심을 가질 수 있다. 그러나 김두성이 총대장으로
1908년 6월 하순경 연해주의병이 창의되고 안중근 등 장수들이
선봉이 되어 국내진공을 했던 다른 기록들과 연관시킬 때 류인석
이 창의를 위해 이범윤을 만난 것은 확실한 정론으로 인정해야
한다.

---

182) 국편, 「1908.8 함경도 정보-헌기 432」, 『독립운동사료』 11-의병편4, 1983,
　　595~596쪽. '거厓'는 '그 사람'이라는 뜻이다.

이제 이 내용을 정리하면, 1908년 6월 하순 김두성이 연해주의
병을 창의했는데 당시 같은 연해주에서 류인석도 창의를 했다. 그
때 김두성과 류인석이 똑 같이 부대장으로 이범윤 등을 거느린
창의대장이다. 그리고 이범윤 등의 직속상관은 한 사람이다. 또
두 사람 모두 강원도 출신이다. 이에 대한 결론은 김두성과 류인
석이 동일인이라는 해답이다.

당시 류인석이 갖은 한국의병에서의 위상을 규명하기 위해 다
시 독립운동사료를 살펴본다. 여기에서 류인석은 연해주와 국내의
한국의병 모두를 통솔하는 통합창의대장이라는 결론에 이른다. 이
근거는 독립운동사료의 '1909년 3월 충청남도 관찰사의 보고 자
료-충남경수 188호'에서이다. 만약 이 자료의 사실성을 인정한다
면 어느 정도 그 개연성이 증명된다.183)

1부에서 비교적 상세하게 다룬 내용임으로 간단히 요약한다. 소
규모 의병장 유순조劉順早의 부하가 소지한 의병관련 통문通文을 통
해 알 수 있는 자료이다. 이 통문에 따르면 류인석이 한국의병의
창의대장으로 1908년 9월에 국내의병을 지휘했다는 사실이 발견
된다. 즉, 8월에 한국 땅을 떠난 류인석을 국내의병의 창의대장으
로 거론하였다. 연명으로 된 두 사람의 창의대장인 류인석과 정용
대鄭用人의 언급은 통합창의대장 류인석-국내 지역창의대장 정용대
의 해석이 가능하기 때문이다. 이 때 정용대는 경기도를 중심으로
창의한 의병장이라면 경기도 일부를 관장하는 한국의병 창의대장

---

183) 국편,「폭도수괴 체포건 예산군 금평면 하현동-충남경수忠南警收 188」,『독
    립운동사료』13-의병편6, 547~548쪽.

일 수 있다. 연해주의병에서 창의대장 류인석-부장수 이범윤 등의 체제와 같다.

류인석이 연해주로 망명한 때는 1908년 8월말~9월초로 짐작된다. 추석을 블라디보스토크에서 맞은 근거로 볼 때 그곳 도착은 추석인 9월 10일 이전이다. 문집의 기록으로 보아도 추석 전에 그 곳에 도착한 것이 확실하다. 문집과 독립운동사료를 근거할 때 류인석은 8월 20일경 원신을 경유하여184) 연해주로 향하였다. 원산에서의 의병활동이 8월 20일경이라면 블라디보스토크 도착은 9월 10일 추석 전에 가능하다. 추석을 블라디보스토크에서 보내며 지은 한시를 참조하면 이 과정이 적합하다.185)

류인석이 연해주와 국내의병을 통합 지휘하는 통합창의대장임을 이미 1부 연구에서 상세히 밝혔다. 따라서 2부에서는 간략한 설명만으로 대한다. 먼저 연해주와 국내 자료에서 창의대장 아래 복수의 부대장을 표기한 것은 여러 장수를 거느린 통합창의대장임을 밝힌 것이다.

즉, 총대장 김두성-부장수 이범윤 등의 경우 김두성은 연해주의병의 창의대장이다. 이와 함께 창의대장 류인석-대장 정용대에서 정용대가 경기도 일원에서 창의한 의병장임으로 류인석은 국내의병 창의대장이다. 이를 해석하면 김두성이 류인석의 가명일 경우 류인석은 연해주의병 창의대장이며 국내의병 창의대장임으로 통합창의대장이다.

---

184) 국편, 「1908.12 평안도(평안남도 개천 분견소장 내보)-헌기 1079」, 『독립운동사료』 12-의병편5, 1983, 627~628쪽.
185) 류인석, 「권2 시」, 『의암집』 천, 172쪽, 戊申秋夕在海港무신추석재해항.

다음 자료에 나타난 내용의 논리적 해석에 따라 류인석이 통합 창의대장임을 증거 한다. 8월 초순 국내를 떠나 9월 초순 연해주에 머문 류인석이 9월 달에 국내의병진에 명령을 내릴 수 있었다면 그는 연해주에 있으면서 국내의병을 지휘할 수 있는 자격을 가졌다. 즉, 연해주에서 국내의병진을 지휘하였으며, 총대장 김두성−부장수 이범윤 등으로 지칭되는 연해주의병의 총대장 김두성이 류인석의 가명이라면 자연스럽게 류인석은 국내와 연해주를 총괄하는 통합창의대장이 된다.

그런 경우 류인석의 창의대장 직책은 1908년 6월 말 창의 때부터로 볼 수 있다. 그 증거는 그가 1907년 7월 정미칠조약의 강제 체결을 듣고 일제와 싸울 의병을 일으킬 계획을 세웠으나 주변의 만류로 중지하였음으로 당시 국내의 창의대장에 오르지 않았다. 따라서 이때 사건으로 그를 국내창의대장으로 호칭할 수는 없다. 이때 여러 의병장들이 창의한 것을 듣고 각도의 창의소에 격문을 보내 격려했을 뿐이다.186)

이와 같이 1908년 6월의 연해주의병 창의대장 추대 외에는 그를 1908년간에 국내창의대장으로 호칭할 의병세계에서 뚜렷한 사건이 없었다면 당연히 그를 창의대장으로 호칭할 수 있는 근거는 연해주의병 창의에 따른 것으로 볼 수 있다. 그렇다면 류인석은 연해주의병의 창의대장에 오르면서 국내창의대장을 겸한 통합창의대장이 되었다.

연해주의병의 창의목적이 국내에 진공하여 국내의병과 협동작

---

186) 류인석, 「연보」, 『의암집』 인, 1907년 6월 13일조, 815쪽: 8월조, 816쪽.

전을 전제로 했다면 국내외를 아울러 지휘할 수 있는 통합창의대장이 필요하다. 따라서 귀로에 국내의병진을 정비한 후 9월 초 연해주에 망명하여 1908년 6월 하순 창의 때에 추대된 국내외_{국내와 연해주} 창의대장_{통합창의대장} 자격으로 그들과 합류했다는 의미로 판단된다.

위에서 논증한 내용들을 함축적으로 정리한다. 류인석은 1908년 연해주에 가서 한국의병을 창의하고 창의대장에 추대되었다. 연해주 의병 총대장 김두성은 창의대장 류인석의 가명이다. 이미 1908년 6월 하순 연해주의병 창의 때부터 창의대장으로 연해주 의병과 국내의병을 아울러 지휘한 한국의병 통합창의대장이다. 또한 김두성 휘하의 참모중장 안중근은 김두성이 류인석의 가명임으로 류인석의 지휘를 받는 의병장이다.

4. 안중근의 하얼빈의거와 류인석

1) 하얼빈의거의 동기와 계획

안중근은 연해주에서의 의병활동을 1908년 말경으로 짐작되는 다음 사건을 끝으로 독립운동의 새로운 방향을 모색하는 단계에 들어간 것으로 생각된다.

다음 자료는 이런 정황을 뒷받침할 수 있는 조창룡의 『백농실기』 기사이다.

이범윤李範允, 류산림柳山林, 안응칠安應七 등이 이구일以舊日 한국어사관마패韓國御史官馬牌로 가칭假稱 한국칙사韓國勅使라 ᄒ고, 늑탈민재勒奪民財할새 노야老爺 김학만金學萬 민장民長 양성춘楊成春 씨가 명사거류순사命使居留巡使ᄒ야 즉포박차삼인卽捕縛此三人할새, 이범윤李範允 안응칠安應七은 도주逃走ᄒ다. 류산림柳山林은 즉나취어학교내卽拿取於學校內ᄒ고 난타쇄골亂打碎骨ᄒ야 기지사경幾至死境이라. 기행장내문부其行裝內文簿를 조사측과연야調査則果然也라. 류산림柳山林은 노자야老者也라 즉방송卽放送ᄒ고 기타동당다수인其他同黨多數人은 피수어노국경청被囚於露國警廳ᄒ니라. 우일진회인又一進會人은 자해상하륙자自海上下陸者를 일일 매선박시一 每船泊時에 관찰기행색觀察其行色ᄒ야 개환송본국皆還送本國ᄒ고 약잠입자若潛入者난 투입해수중投入海水中ᄒ다.187)

김학만을 노야라고 기록한 것은 거류 한인의 장로 격이란 뜻으로 받아드려진다. 민장은 블라디보스토크 한인 거류민회 회장을 의미한다. 당시 민장은 양성춘이었으나 김학만을 같은 수준으로 대우한 표기일 것이다.188) 다음해 김학만이 거류민회 회장으로 안중근 의사 장례에 참석한 기사로 볼 때 이미 민장에 버금가는 인사로 존칭한 말이다.189)

류인석이 연해주의병 창의 후 국내에 돌아왔다가 다시 연해주에 들어가 자리 잡은 때가 9월 말경 이후이며,190) 안중근은 회령전투會寧戰鬪에서 7월 중순 패전하고 연해주에 돌아온 때를 한 달 반 후라고 회고했고, 그 후 상당기간 요양한 후 활동을 시작했다.191) 류산림은 류인석이다.

여러 상황을 참작할 때 3인이 연해주 한국의병진의 수뇌부로서 함께 활동할 수 있는 시기는 1908년 후반 이후에 가능하다. 1908년 5월 동의회 창립과 함께 안중근이 연해주의진에 가담했고, 6~9월까지는 창의와 국내진공, 패전과 귀환 등 복잡한 일들이 중복되어 함께 활동할 겨를이 없었다.

자료를 검토할 때 안중근의 간도 망명은 1907년 9~10월 무렵이며, 잠시 머문 뒤에 곧 종성鍾城, 경원慶源을 거쳐 노보키예프스키연추煙秋로 향했다. 며칠 뒤에 다시 포시에트木榖口에서 러시아 기선을

---

187) 조창용, 앞의 책, 131~132쪽.
188) 국편,「청기밀발 제19호(1910.3)」, 앞의 책 자료7-안중근편2, .
189) 신운용, 앞의 책, 420쪽.
190) 류인석, 「연보」, 『의암집』인, 1908년 8월조, 818쪽.
191) 안중근, 앞의 책, 84~89쪽.

타고 블라디보스토크Vladivostok로 갔다. 이때가 1907년 10월 말경이다.192) 류인석은 이때 국내에 있었음으로193) 1907년 말경~1908년 초경에 그가 안중근을 만날 기회가 없었다. 따라서 일부 연구자들이 이 사건을 1908년 5월 이전으로 주장하는 것은 잘못된 논지로 받아들여짐으로 여기서 밝히고자 한다.

앞의 논증에서 안중근은 김두성을 총대장으로 하여 창의한 부하 장수이다. 김두성은 류인석의 가명임을 확인했다. 따라서 여러 증거자료를 참고할 때 안중근이 류인석을 창의대장으로 받들고 단위대장을 맡았으며 국내진공을 감행했던 의병장임이 입증된다. 또 그가 자서전에 기록하고, 하얼빈의거 후 진술한 독립운동사료의 김두성이 류인석이라는 객관적인 확인이 가능하다면 그는 류인석 휘하의 의병장임이 확실하며 앞에서 이미 이 사실이 확인되었다.

마찬가지로 김두성의 지휘를 받은 대장 직속 특파독립대장의 주장도 역시 류인석의 지휘를 받는 특파독립대장이다. 안중근의 진술에서 그를 지휘하는 직속 대장을 김두성이라고 주장했기 때문이다. 안중근의 의병활동과 하얼빈의거는 단절적이 아니라 연속선상의 활동이다. 그가 의병에서는 김두성의 지휘를 받았고, 하얼빈의거에는 다른 상관의 지휘를 받은 일이 없을 뿐만 아니라 스스로 모두 김두성의 부하라고 주장한 것에서 두 가지 독립운동의 연계를 파악할 수 있다. 따라서 두 경우 모두 류인석의 지휘를 받

---

192) 황재문, 앞의 책, 169~170쪽.
193) 류인석, 「연보」. 『의암집』인, 1907년 10월조, 816~817쪽: 1908년 2월조, 817쪽.

은 것이다.

안중근이 류인석의 지휘를 받으면서도 이토 히로부미 저격이라
는 새로운 형태의 독자적인 독립운동의 길을 걷게 된 여러 이유
를 살펴볼 필요가 있다. 우선 새로운 독립운동을 실천하고자 하는
상징적인 결의과정으로 안중근 등 12인이 맺은 단지동맹斷指同盟을
들 수 있다.194) 안중근이 주도했으며 안중근 외 11인의 정확한
이름은 확실하지 않다. 여기에는 동지들의 신변을 염려한 안중근
의 눈물겨운 배려가 숨어있다.195)

신문 때마다 이름을 대지 않거나 다르게 진술하여 그들의 신변
을 보호하려고 하였는데, 비교적 소상하게 이름과 나이, 출생지와
직업을 밝힌 1909년 12월 20일 진술 명단을 여기에 싣는다. 그
뒤에도 신문 때마다 성이나 이름이 약간씩 다른 명단을 거명했으
나 그 차이는 크지 않다.

강기순 : 40세 전후, 의병, 서울 사람
정원식鄭元植 : 30여세, 의병, 주소는 미상
박봉석朴鳳錫 : 34세, 농부, 함경도 사람
유치홍劉致弘 : 40세 전후, 농업, 함경도 사람이라고 생각함
김해춘金海春 : 25~26세, 사냥꾼, 함경도 사람
김기룡金基龍 : 30세, 이발직, 평안도 사람, 전 평안도 경무관
백남규白南奎 : 27세, 농업, 함경도 사람

194) 황재문, 앞의 책, 226~228쪽.
195) 박환, 앞의 책, 103쪽.

황병길黃炳吉 : 27~28세, 농업, 함경도 사람

조순응趙順應 : 25~26세, 농부, 의병, 함경도 사람. 조응순趙應
順의 오기로 본다

김천화金千華 : 25~26세, 의병, 노동자, 원적은 미상

강계찬姜計贊 : 25~26세, 노동자, 평안도 사람196)

여러 자료를 참조하여 분석해볼 때 독립운동의 노선을 의병에
서 다른 방법으로 바꾼 시기는 1909년 초로 추측된다. 바로 류인
석, 이범윤, 안중근이 의병의 재건을 위해 모금활동을 벌렸던
『백농실기』에 실린 사건 이후로 파악된다. 이 사건 이후 안중근
은 당시 여러 여건으로 한계가 있는 연해주에서의 의병활동 보다
는 더 적극적인 독립운동의 필요성을 느낀 것으로 판단된다.197)

당시 연해주의병은 최소한 두 가지 관점에서 한계에 봉착했다.
첫째 러시아 당국이 러일전쟁의 승전국인 일제의 압력으로 연해
주의병에 대해 기존의 방관적 태도를 버리고 적극적으로 활동을
금지하는 방향으로 선회한 것이다.

차차 러시아 정부의 한국의병에 대한 압박이 가해져 가던 중
드디어 러시아 국무장관 표트르 스톨리핀Pytro Stolypin은 극단의 금지
지시를 내리기에 이르며, 러시아 관리들은 이 지시를 따랐다. 즉,
1908년 5월 12일자 전문을 통해 전달된 "국경지역에서 반일운동
을 용납하지 않도록 조치를 취하라"는 내용이다.198)

196) 박환, 앞의 책, 103~105쪽. 이름에 착오가 있는 듯하여 일부 바로 잡았다.
197) 황재문, 앞의 책, 222쪽.
198) 국편, 「연해주의 군총독 각하께(1909.2.6)」, 『독립운동사료』34-러시아편

둘째로 연해주의병 세력 내에서 이범윤파와 최재형파의 반목과 극한적 대립이다. 두 세력 간에 암투가 격렬해 지던 중 드디어 1909년 1월에는 이범윤 세력에 의해 최재형이 적격당하는 사건까지 벌어졌다. 이런 혼란 중에 러시아 국적을 가진 블라디보스토크 한인들의 태도에도 심상치 않은 변화가 일어났다.199)

러시아의 한국의병 활동에 대한 방해공작을 예외로 하더라도 한인사회 내에서의 반 의병풍조의 자중지란은 더욱 큰 문제였다. 『해조신문』의 창간자인 최봉준과 민회의 회장인 김학만은 연해주에서 한국의병 반대여론 조성의 중심에 섰다. 뿐만 아니라 연해주의병의 또한 상징적 인물인 최재형의 속셈이 어떻든 불문하고 의병을 반대하는 광고를 『대동공보』에 실었다. 이는 최재형파에 속했던 안중근이 대일투쟁 방법에 일대 방향전환을 모색해야 했던 한 계기가 되었을 것이다.200) 이 사건이 모두 1909년 1월에 일 어 난 일 로 서 연 해 주 한인사회 는 구심점 없이 큰 혼란

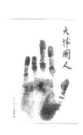

안중군 의사의 단지한 손과 혈서

에 빠졌음이 확실하다.

1, 1997, 42~43쪽.
199) 황재문, 앞의 책, 222~224쪽.
200) 황재문, 앞의 책, 223쪽.

안중근 등 12인이 단지동맹을 결성한 것은 1909년 3월이
다.201) 이 단지동맹의 결성과 함께 앞날이 험난하게 된 연해주의
병진과 안중근이 소원한 관계를 유지한 결과는 그의 하얼빈의거
가 류인석의 연해주의병과 무관한 것 같은 결과를 가져온 원인이
되었을 것으로 본다. 1909년 봄 이후 안중근의 행적이 상당부분
단절된 이유가 이런 12인의 동맹원을 중심한 독자적 독립운동에
서 찾아질 수 있었을 것으로 짐작되는 것이다. 그럼에도 불구하고
안중근의 여순 옥중진술 등을 감안할 때 의병진과 계속적인 유대
를 가지고 있었다.

또 안중근 스스로 총대장 김두성의 지휘 아래 하얼빈의거를 수
행했다는 진술은 그가 전쟁포로의 자격을 얻기 위한 방편이었다
고 말하는 연구자도 있지만 상당한 사실의 진술이다. "내가 이등
을 죽인 것은 이등이 있으면 동양의 평화를 어지럽게 하고 한일
간을 소격시키므로 한국 의병중장의 자격으로 주살하였던 것이
다"라고 말하여 군인으로서 전쟁포로의 대우를 주장했다.202)

여순 감옥에서 일제 헌병대의 신문을 받을 때 안중근은 이토
히로부미가 한국에 끼친 악행을 신문에 의해 알고 "이등을 삼년
이래 적시하고 이를 살해하려고 결심하였다"라고 진술하였다.203)
안중근이 진술한 3년은 한국으로서는 격동의 불운한 시기이다.

---

201) 국편, 「1909.3 함경도 정보-경비친 제22호」, 『독립운동사료』 13-안중근편
　　 6, 1983, 803쪽.
202) 국편, 「공판시말서」5-1910.2.12, 『독립운동사료』 6-안중근편1, 395~396
　　 쪽.
203) 국편, 위의 피격사건에 관한 건-흉행자 급 혐의자 조사서(조사의 경과), 위
　　 의 자료7-안중근편2, 297쪽.

그가 말한 3년 동안은 한국에서 이토 히로부미의 침략행위가 노골적으로 자행된 때라면 안중근의 결심은 우국지사로서 당연하다.

이토 히로부미는 1906년 3월 초대통감이 되어 한국의 국정을 전횡했으며, 이를 뒷받침하는 을사오적乙巳五賊을 중심한 친일내각을 1907년 5월 구성하였다. 이어 해아밀사사건을 트집 잡아 그해 7월 고종을 퇴위시켰다.204) 이 여러 악행의 주범자인 이토 히로부미를 살해할 계획을 3년 전부터 추진한 것이다. 그렇다면 이 중요한 거사계획을 직접 상관인 류인석과 어떤 방법으로라도 의논하지 않을 수는 없을 것이다.

2) 하얼빈의거와 류인석의 역할

안중근의 하얼빈의거는 1909년 10월 26일 만주 하얼빈 역두에서 한국침략의 원흉 왜적 이토 히로부미를 저격하여 살해함으로써 끝을 맺었다. 하얼빈에서 안중근이 통쾌한 의거를 수행하기까지 배후에서 류인석이 영향을 준 근거를 다음 안중근의 여순 옥중 진술을 통해 살펴본다.

독립운동사료의 기록으로 안중근이 일제 헌병대의 신문에서 문답한 내용이다.

문 : 그대는 의병이라고 말하는데 그 통할자는 누구인가.
답 : 의군 총대장은 강원도 김두성인데 그 부하는 각지에 이범

---

204) 이기백, 『한국사신론』, 일조각, 1999, 396~400쪽.

윤 등 부장수가 있으며, 나는 김 대장의 직속 특파독립대
장이다.

문 : 그대의 직접 상관은 누구인가.

답 : 김두성이다.

문 : 그대는 특파원으로서 하얼빈에 왔다고 말하나 그것은
김두성으로부터 지휘를 받았다는 것인가.

답 : 이번 새삼 명령을 받은 것이 아니고 이전에 연추 부근
에서 나는 김두성으로부터 청국과 노령 부근의 의병사
령관으로 일하라는 명령을 받았다.

문 : 그 일하는데 대하여 소요될 비용은 김두성으로부터 받
는가.

답 : 별로 직접 김으로부터 받은 일은 없다. 나는 각 부락에
가서 유세 등을 하고 기증해 주는 것을 비용에 충용하
고 있었다.[205]

안중근은 그의 의거가 연해주의병 총대장 김두성의 지휘 아래
수행되었음을 밝히고 있다. 그는 본인의 직책을 총대장 김두성 직
속 특파독립대장이라고 진술했다. 또한 안중근이 김두성 총대장으
로부터 청국淸國과 노령露領 부근의 한국의군 사령관으로 임명되었

---

205) 국편, 「대한매일신보(안중근의 공판)-1910.2.13 기사」, 『독립운동사료』7-
안중근편2, 484쪽: 국편, 「공판시말서」1-1910.2.7, 『독립운동사료』6-안
중근편1, 333쪽.

다고 주장하였다. 연해주의병의 지휘체제가 총대장 김두성-부장
수 이범윤 등으로 되어 있으며 자신은 김두성 총대장이 직접 지
휘하는 부대의 특파독립대장임을 명백히 한 것이다.206)

　안중근 진술의 정확한 사실적 근거는 찾기 어렵다. 그러나 그의
진술이 앞에서 설명한 것처럼 황당하게 거짓이 아니라는 사실은
여러 증거로 가능하다. 적에게 피의자가 된 입장에서 모든 답변이
진실일 수 없다는 것은 일반적인 상식이다. 그러나 안중근의 진술
이 큰 줄거리에서는 사실이라는 근거를 앞에서 분석해 보았다. 또
그가 동료들의 안전을 위해서 그들의 행적을 가리거나 일제의 수
사표적을 피하게 하기 위해 노력한 정황이 여러 곳에 나타난
다.207)

　그 사례를 들어 본다. 안중근은 최재형파에 속하는 사람이
다.208) 1908년 5월 동의회 창립과정에서 극단으로 분립한 이범
윤파와 최재형파의 대립에서 이범윤에게 모반자의 혹평을 감수하
면서도 최재형의 편에 섰다. 이범윤이 안중근 등 9명을 모반자로
매도했을 정도로 파벌의 갈등은 극에 달하였다.209)

　그런 안중근이 여순 옥중 신문에서는 최재형을 혐오하는 것 같
은 진술로서 그를 구하려 했다. 즉, "최재형은 부자이며 자기는

---

206) 총대장 직속 특파독립대장과 청국・노령 부근 의병사령관이 같은 직책인지
　　는 알 수 없다.
207) 국편, 「대한매일신보(안중근의 공판)-1910.2.13 기사」, 『독립운동사료』7-
　　안중근편2, 484~485쪽. '안씨安氏가 발언시發言時에 자기사自己事는 엄掩치 아니
　　하나 각방면各方面의 동지同志는 비호庇護하는 듯하며 …'.
208) 황재문, 앞의 책, 201쪽.
209) 신운용, 「안중근의 의병투쟁과 활동」, 앞의 책, 20~21쪽,

있으니까 우리를 경멸하고 무슨 일이고 상담에 불응하는 인물이
다. 인색한 사람으로 의연금 따위도 남과 같이 지출하지 않는
다"210)라고 말한 것은 안중근이 최재형의 측근으로 그를 보호하
기 위한 방법이었을 것이다.

또 류인석에 대해서는 그를 창의대장으로 받들었으면서도 신뢰
하지 않는 것 같이 진술함으로써 보호하려 하였다. "류인석은 귀
가 어둡고 눈이 약해 매우 노쇠하였다. 학자의 풍모로 다언多言을
좋아하지 않는 모양이므로 그냥 돌아갔다. 노쇠한 그는 다만 일본
인을 미워할 뿐이며, 세계의 대세와 동양의 백면을 아는 사람이
아니다. 한국에 있는 일본인을 구축하는 것을 목적으로 할 뿐 결
코 금일의 형세에는 통하지 않는 것이다. … 금일 동지同地에 있는
한인은 그와 같은 완고하고 시세에 어두운 사람과는 의사가 합치
하지 않는다"211)라고 폄하하고 별로 역할을 할 수 없는 노인으로
진술하여 사실을 얘기하면서도 그로부터 수사관의 관심을 멀리하
여 보호하는 태도로 일관하였다.

안중근은 이진용과 매우 가까운 관계이다. 안중근이 거사를 위
해서는 "옛날 형가荊軻 일에 번어기樊於期 같이 목이라도 베어달라면
베어줄 것이다"212)라고 고사를 들어 모든 일을 도울 수 있는 의
지를 말할 정도로 적극 지원을 마다하지 않을 만큼 신뢰하였다.
그런 이진용이 하얼빈거사를 준비하는 자금을 주지 않아서 협박

---

210) 국편,「경 경시의 신문에 관한 안응칠의 공술(제3회)-1909.11.29」, 위의 자
    료7-안중근편2, 408쪽. 이하 '「공술」회차-시기'로 표기한다. 안중근 외의
    경우 이름을 부기한다.
211) 국편,「공술」2-1909.11.27, 『독립운동사료』7-안중근편2, 402쪽.
212) 류해동,「의암류선생약사」, 필사본후손 류연창 소장, 참조.

하여 억지로 강탈하였다고 진술함으로써 또한 이진용의 신변을 보호하려 한 정황은 안중근이 측근의 보호를 위한 것이다.213) 그러나 진술의 줄거리는 거짓이 아니다.

이와 같이 안중근의 인품과 그의 진술내용을 참작해볼 때 그의 진술은 비록 과장되거나 동지를 위해 숨기는 일은 있어도 일의 본질 자체를 왜곡하여 진술한 정황은 찾기 어렵다. 안중근이 생사를 초월한 상황에서 그가 진술한 모든 내용이 사실일 것으로 보는 개연성은 다음 세 가지에서 유추할 수 있다.

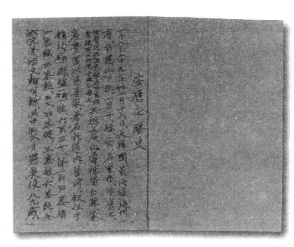

『안응칠 역사安應七 歷史』

첫째, 안중근의 의인, 위인이며 세상을 바로 보는 지식인 선각자로서의 자세이다. 이 분석은 상당히 추상적인 부분도 있으나 사실일 수밖에 없다는 근거를 다음에서 살펴본다.

안중근은 죽음을 앞에 둔 상황에서 마음이 흔들리지 않고 자서전을 집필했다. 여순 감옥 수감 중 안중근이 자신의 32년간 살아

---

213) 이상봉·이선우 편, 『이진용 의병장 자료전집』, 국학자료원, 2005, 17쪽: 국편, 「피고인 안응칠의 제8회 신문조서」-1909.12.20, 『독립운동사료』6-안중근편1, 249~250쪽. 이하 '「신문조서」회차-시기'로 표기한다.

온 인생역정을 담담히 적어 세상에 낼 수 있었던 것은 그의 위인
으로서 의지가 없고는 불가능하다. 안중근이 1909년 12월 13일
부터 쓰기 시작하여 1910년 3월 15일 탈고한 자서전에 『안응칠
安應七 역사歷史』라는 제목을 달았는데 그 이유는 그가 1907년 북간
도를 거쳐 러시아 연해주로 망명해 하얼빈의거를 벌이기까지 약
3년 동안 안중근이란 이름 대신 자字 안응칠을 썼기 때문인 것으
로 생각된다.

의거 직후부
터 시작된 안중
근에 대한 재판
은 탈고 직전인
1910년 2월 14
일에 사형언도
를 받았음으로
만약 그가 범인

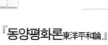

『동양평화론東洋平和論』

凡人이었다면 그의 이런 집필은 불가능했을 것이다. 자서전에는 안
중근이 동지들을 숨기기 위해 그들에 관한 정보를 누락시키거나
달리 진술한 일부분이 발견되나 본질이 사실과 다르지 않다고 앞
에서 설명하였다. 그럼에도 그의 자서전은 격동과 시련의 한국근
대사에 큰 자취를 남긴 안중근의 애국적 행적과 올바른 위상을
정립하는 데 다시없는 귀중한 자료임에 틀림없다.214) 일부 연구
자들이 그 진위에 대해 이견을 제시하는 것과는 다르다.215)

---

214) 윤병석, 앞의 책, 94~96쪽.

또 『동양평화론東洋平和論』을 죽는 날까지 집필을 멈추지 않은 위인이다. 동양평화는 안중근 의사가 가장 주장한 염원이며 그의 사상이다. 안 의사는 죽는 순간까지도 동양평화의 전도사였다. 여순 감옥에서 사형대에 오르기 전 안 의사는 동양평화를 위해 3분간 기도하고 "동양평화를 힘써 달라"는 임종 유언을 남겼을 만큼 동양평화에 집착하였다.216)

안중근이 중도에 사형집행으로 중단한 『동양평화론』은 「서序」와 「전감前鑑」, 「현상現狀」, 「복선伏線」, 「문답問答」의 5편으로 구성하였으나 기술한 것은 「서」와 「전감」뿐이다. 그것도 「전감」은 끝을 맺지 못한 것 같다. 미완성 『동양평화론』의 대의는 한국, 중국, 일본 3개국이 각기 서로 침략하지 말고 독립을 견지하면서 상호부조相互扶助하여 근대 문명국가를 건설, 서세동점西勢東漸의 서구제국주의를 막을 때 이룩될 수 있다는 것으로 집약된다.

그러나 이토 히로부미를 비롯한 일제침략자들이 내세우는 동양평화론은 겉으로는 안중근의 주장과 같은 것처럼 보이지만 그 내용과 논리는 판이하다. 이토 히로부미와 주구들은 이미 탈아론脫亞論217)에 빠져 황화론黃禍論을 빌미로218) 동양의 패권을 잡아 그들의

---

215) 황재문, 앞의 책, 18~19쪽.

216) 徐明勳서명훈·李春實이춘실 編著편저, 「序言서언」, 『中國人心目中的安重根중국인 마음속의 안중근』, 黑龍江敎育出版社흑룡강교육출판사, 2009, 2쪽.

217) 탈아론脫亞論은 일본은 아시아를 벗어나 홀로 서구열강으로 향해야 한다는 내용으로, 일본 근대화의 아버지로 불리는 후쿠자와 유키치1835~1901가 1885년에 주장한 이론이다.(인터넷 정보, 「탈아론」, Daum. 통합검색)

218) 황화론黃禍論은 청일전쟁 말기인 1895년경, 독일 황제 빌헬름 2세Wilhelm II가 황색 인종을 억압하기 위해서 내세운 모략으로써, 앞으로 황색 인종이 서구의 백인白人 사회를 위협하는 시대가 올 것이라는 주장을 한 것이 그 내용이다.(인터넷 정보, 「황화론」, Daum. 통합검색)

동양 각국에 대한 침략주의를 합리화시키려는 것이었다. 따라서 안 의사는 이에 정면 반대한 것이다.[219]

안중근은 높은 수준의 고전을 배워 성리학의 윤리 도덕적 덕목을 터득한 지식인이며, 천주교와 서양학문을 접하는 과정에서 서구의 세계화 정책을 이미 알고 서구에 대하여 조선이 대응하는 자세에 대해 선각자적 식견을 지녔다. 나아가서 혁명가로서의 우국충정은 욱일승천 제국주의로 치닫는 일제에 대한 경계심과 그 앞잡이 이토 히로부미에 대하여 한없는 증오심을 가졌을 만하다.

구체적으로 그가 사형장에 서서 마지막까지 기도로 염원한 동양평화는 일본이 탈아론과 황화론을 빌미로 동양평화를 깨는 제국주의 정책에 대한 경종에서였다. 즉, 안중근이 『동양평화론』에서 주장한 한·중·일 3국의 상부상조와 문명국가 건설, 협력하여 서구제국주의를 견제하자는 논리는 그의 하얼빈의거의 결행과 매우 밀접한 관련이 있다.

두 이론을 구분하여 설명할 때, 먼저 일제만이 서구문명을 받아들여 근대화하고 근대화의 토양이 부족한 한국과 중국을 과감히 버리고 나아가서 일제에 예속이 타당하다는 일제의 탈아론적 국가정책에 대하여 안중근은 받아드릴 수 없었다. 즉, 탈아론은 침략 제국주의를 정당화하는 일제의 당시 정책이며 그 수괴首魁가 이토 히로부미로 안중근은 결론하였다.

다음, 당시 서구에 만연한 황화론을 일본은 제국주의적 침략정책의 빌미로 삼았다. 18세기 중반부터 19세기 초반까지 영국에서

---

219) 윤병석, 앞의 책, 97~98쪽.

일어난 산업혁명産業革命은 중국의 값싸고 많은 노동력의 서구침투에 대한 우려로 황화론을 유발하였다. 1894년 일본이 청일전쟁에서 중국을 격파하자 이제 황화론이 노동력 보다는 정치문제가 더 중요하게 대두되어 황화론의 대상은 중국으로부터 일본으로 옮겨졌다. 그때 독일 황제 빌헬름 2세Wilhelm II. 1859~1941는 황화론으로 러시아를 자극하여 러시아가 서구진출을 버리고 아시아 쪽을 침략하도록 부추겼다.

이 독일의 정책은 러시아의 유럽진출을 약화시키는 동시에 아시아에 침략하려는 프랑스·러시아·영국의 힘을 러시아의 견제로 약화시키려는 간계이다. 또한 일본의 팽창을 막으려는 의도가 가미되었다. 러시아는 1895년 청일전쟁 후 시모노세끼조약으로 중국이 일본에 할양한 랴오둥 반도遼東半島를 청나라에 되돌려주도록 했으며, 그 토대는 러시아·프랑스·독일의 3국 간섭에 의한 것이나, 그 근본은 황화론에 따른 서구제국이 갖는 일제 팽창에 대한 우려에서이다.

그 후 러시아는 점차 극동정책을 확대하는 과정에서 1904년 러일전쟁으로 이어졌으며, 이 전쟁에서 일본의 승리로 러시아의 극동정책은 좌절되고 점차 일제에 대한 서구제국의 황화론은 고조되었다. 러일전쟁에서 일본의 승리는 황화론을 극복하여 백인종白人種으로부터 황인종黃人種의 권익을 보호해야 한다는 명분을 일제가 확보했다. 한국의 식민화와 중국침략을 주도한 일본의 제국주의 정책은 탈아론과 황화론이 바탕이 되었으며 그 주도자인 이토 히로부미는 안중근의 타도 대상이었으며 하얼빈의거로 결실을 맺

었다.220)

이와 같이 안중근은 높은 성리학적 지식으로 내공을 갖춘 도덕 군자이다. 또 세계정세에 훌륭한 식견을 가진 선각자이다. 감옥의 간수들에게 남긴 많은 유묵에서 그의 흔들리지 않은 정신세계를 읽을 수 있다. 그와 같은 흔들리지 않은 의지를 가진 위인이 살기 위한 방편으로 거짓 진술을 하여 남을 현혹한다는 가정은 납득할 수 없다. 설령 일부 사실과 다른 진술은 타인을 보호하려는 방편 이었음을 앞에서 설명하였다.

둘째, 안중근은 옥중 면회를 온 두 동생에게 다음과 같은 유언 을 받아쓰게 했는데, 여기에는 흔들리지 않는 안중근이 죽음을 맞 을 초연한 준비가 내포되어 있다. 또한 천주교인으로서 일반인과 죽음에 대한 다른 사생관이다. 그와 같이 범인과 다른 초인적 수 양인이며 종교인으로서 초월적 생사관을 가진 안중근을 생사의 기로에서 살기 위해 번민하여 거짓 증언을 일삼는 예사 사람의 예에 준하여 판단하는 것은 예의가 아니다.

내가 죽은 뒤에 나의 뼈를 하얼빈 공원 곁에 묻어두었 다가 우리 국권이 회복되거든 고국으로 반장해다오. 나는 천국에 가서도 또한 마땅히 우리나라의 국권 회복을 위 하여 힘쓸 것이다. 너희들은 돌아가서 동포들에게 각각 모두 나라의 책임을 지고 국민 된 의무를 다하며 마음을 같이 하고 힘을 합하여 공로를 세우고 업을 이루도록 일

---

220) 인터넷 정보, 「탈아론·황화론」, Daum 통합검색.

러라. 대한 독립의 소리가 천국에 들려오면 나는 마땅히
춤추며 만세를 부를 것이다.[221]

끝으로 현명하고 초월적 종교인으로서 그의 모친 조 마리아 여
사가 아들에게 보낸 편지 글에서 안중근의 인간됨을 다시 파악할
수 있다. 그 어머니에 그 아들이라면 의당 죽음에 임해서 그가 진
술한 모든 사항이 진실일 것임을 확신 시켜준다. 한 어머니가 사
형을 앞둔 아들에게 쓴 편지는 애절하기 보다는 담담하며 당당하
게 죽으라는 용기와 또 사후 세계의 다른 희망의 메시지를 건너
주고 있다. 또 바꿔 말하면 그 아들에 그 어머니이다.

네가 만약 늙은 어미보다 먼저 죽은 것을 불효라 생각
한다면, 이 어미는 웃음거리가 될 것이다. 너의 죽음은
너 한 사람 것이 아니라, 조선인 전체의 공분을 짊어지고
있는 것이다. 네가 항소를 한다면 그것은 일제에 목숨을
구걸하는 짓이다. 네가 나라를 위해 이에 이른즉 딴 맘먹
지 말고 죽으라. 옳은 일을 하고 받는 형이니 비겁하게
삶을 구하지 말고, 대의에 죽는 것이 효도이다. 아마도
이 편지가 이 어미가 너에게 쓰는 마지막 편지가 될 것
이다. 여기에 너의 수의를 지어 보내니 이 옷을 입고 가
거라. 어미는 현세에서 너와 재회하기를 기대치 않으니,
다음 세상에는 반드시 선량한 천부의 아들이 되어 이 세

---

221) 박환, 앞의 책, 5~6쪽.

상에 나오너라.222)

따라서 안중근이 말한 자서전의 내용이나 옥중 진술은 모두가 진실이라고 말해도 틀린 일은 아니다. 그의 성인으로서 인간됨을 참작할 때 그가 류인석의 지휘를 받지 않았다면 김두성이란 가명으로 류인석을 드러내지는 않았을 것이다. 더구나 그가 진술한 총대장 김두성은 강원도 사람이라는 조건 외에도 휘하 의병장들의 당시 상황이 진술과 일치하다는 사실을 파악했다. 따라서 그가 류인석의 지휘를 받으면서 하얼빈의거를 수행했다는 것은 확실한 사실이다.

또 다른 자료를 참고로 하여 안중근의 사생관을 살펴본다. 안중근의 공판을 시종 지켜본 영국 기자 찰스 모리머는 다음과 같이 재판 상황을 묘사하고 있다. 죄수에 대한 가혹행위에 대해서 소문내기 좋아하는 신문은 안중근 등에게 태형과 손톱 제거와 같은 가혹한 고문이 가해졌다고 보도하기도 했지만, 실제는 이와는 달리 법이 허락하는 범위 내에서 최대한의 자비가 베풀어진 것으로 기록하고 있다. 세계의 이목이 집중된 사건임으로 일반적으로 행해진 일제의 만행적 고문은 자제되었으리라 믿어진다.

(전략)먼저 안중근의 일관된 요구는 "나에게도 말할 기회를 주시오. 나도 말 좀 합시다. 나에게도 할 말이 많소"였다. 다음, 안중근은 강직한 성격을 소유한 사람으로 평가했다.

---

222) 박환, 앞의 책, 5쪽.

(중략)

끝으로 우덕순이 3년 징역형에 중노동이 선고되고 안중근이 사형을 선고 받은 후에 그의 태도에 나타난 사생관이다. 우씨는 잃었던 침착성을 되찾은 듯 아무도 원망하지 않았다.

안중근은 달랐다. 기뻐하는 모습이 역력했다. 그가 재판을 받는 동안 법정에서 자신의 정당성을 주장하는 열변을 토하면서 두려워한 것이 하나 있었다면 그것은 혹시라도 이 법정이 오히려 자기를 무죄방면하지나 않을까 하는 의심이었다. 그는 이미 순교자가 될 준비가 되어 있었다. 준비 정도가 아니고 기꺼이, 아니 열렬히, 자신의 귀중한 삶을 포기하고 싶어 했다. 그는 마침내 영웅의 왕관을 손에 들고 늠름하게 법정을 떠났다.

일본정부가 그처럼 공들여 완벽하게 진행하였으며, 현명하게 처리한 이 세상을 떠들썩하게 만든 일본식의 한 유명한 재판 사건은 결국 암살자 안중근과 그를 따라 범행에 가담한 잘못 인도된 공범들의 승리로 끝난 것은 아닐까.223)

위 기록을 검토할 때 고문이 두려워 안중근이 거짓으로 김두성을 드러내어 연해주의병 총대장으로 진술한 것은 아닌 것이 확실하다. 사생을 하늘에 맡긴 또 나아가서 이미 사생관을 초월한 위

---

223) 박환, 앞의 책, 156~165쪽.

대한 영웅 안중근이 살기 위한 방편으로 허구의 김두성을 날조할
필요는 없기 때문이다.

따라서 안중근은 확실히 있었던 김두성을 말한 것이며 그는 류인
석이다. 분명 총대장이 존재한다고 믿고 있었으나 이미 일제 헌병대
가 김두성이 류인석이라고 짐작하고 있었음으로 더 이상 김두성을
추궁하지 않고 류인석만을 수사했던 것이다. 두 세 번의 김두성 수
사로 종결했던 자료를 참조할 때 그 가능성이다. 그러나 류인석에
대해서는 수년간 지속적으로 수사한 기록이 이를 증거 한다.

다음 친자 류해동의 「의암류선생약사毅菴柳先生略史」에서 안중근의
하얼빈의거와 류인석의 관련이다. 안중근의 하얼빈의거와 관련된
부분이다.

때에 적괴賊魁 이등박문伊藤博文이 중국을 분할할 음모를
품고 아俄 러시아 대신大臣과 상회相會코자 북만北滿으로 온다는
보報를 정재관鄭在寬씨가 신문에서 보고 안중근安重根에게 알
리니 안씨가 용약勇躍하여 격살擊殺을 자서自誓하고 재관씨와
같이 선생류인석을 가리킴 계신 맹령孟嶺에 찾아가 거사擧事할 것
을 고告하야 다행히 죽이면 나라의 원수怨讐 뿐 아니라 동
양평화東洋平和를 교란攪亂하는 죄를 더욱 용서 못할 것이라
는 대의大義를 천명闡明하여 세계인을 인식시키는 것이 좋다
는 말씀을 듣고 회로回路에 김기한金起漢 이진용李鎭龍 양씨와
동주同舟하여 오다 진용씨가 권총 닦는 것을 보고 자기 것

과 상환相換할 것을 요要함에 불응하여 취중醉中에 언쟁이
일어나니 재관 씨가 말리며 안형安兄이 이등伊藤을 사살하고
자 하는데 이형李兄의 총이 나아 보이니 바꾸고자 함이라
함에 진용씨가 총을 주며 필요하다면 "옛날 형가荊軻 일에
번어기樊於期 같이 목이라도 베어달라면 베어줄 것인
데"224) 실정實情을 말 안함은 나를 도외시度外視함이 아니냐
하며 다시 술을 나누며 해항海港을 건너와 수일 후 중근
씨가 하얼빈에 가 역두에서 이등을 쏘아 꺼꾸러뜨리니
선생이 즐거워 해항에 건너가 종자從者로 하여금 대연大宴을
배설排設케 하시었다.225)

　　위의 약사 기록이 얼마나 사실성이 있는지는 알 수 없다. 그러
나 전혀 근거 없는 일을 꾸며서 기록하지는 않았다고 믿을 때 류
인석이 안중근의 하얼빈의거에 직접적이든 간접적이든 관여하였
을 것으로 생각된다. 그 때 사용했던 권총이 이진용의 것을 빌렸
을 수 있으며 그 권총으로 대업을 완성한 것일 수 있다. 당시 정
재관은 『대동공보』의 주필로 있었기 때문에 만주 등지에서 발
행되는 여러 신문을 접하기 쉬운 조건으로 정보에 정통했을 것으
로 판단된다.226) 또 일제 수사기관 신문 자료에 따르면, 정재관

---

224) 번어기樊於期는 중국 전국시대 진秦나라의 무장, 뒤에 연燕나라에 망명하여 자
　　기의 목을 형가荊軻에게 내주어 그로 하여금 이 목을 가지고 진왕 정秦王 政을
　　찌르러 가게 하였다는 고사이다.(민중서림편집국 편, 『한한대자전』, 민중
　　서림, 2005, 1038쪽)
225) 류해동,「의암류선생약사」, 필사본(류연창 소장), 일부 발췌. 현대문투로 바
　　꾸었다.

은 스티븐스 암살사건의 교사자로 되어 있음으로 충분히 그런 일
을 뒤에서 받침 할 수 있는 의기를 갖추었다.227)

안중근이 이진용의 권총을 빌려 거사를 성공했다는 기록은
『정미창의록』에서도 찾아볼 수 있다. "이진용이 안중근과 각별
한 친분이 있었으며, 하얼빈에서 이토 히로부미를 저격할 때 사용
한 권총도 이진용이 제공한 것으로 기록하였다"라고 설명하여 구
체적으로 이 사실을 밝혔다.228) 이진용과 안중근이 함께 1908년
말에 공립협회에 가입한 것으로 보아 두 사람은 서로 뜻이 통하
는 가까운 사이로 여겨진다.229)

여러 자료를 참조할 때 안중근은 1908년 말 또는 1909년 봄까
지 류인석과 함께 의병활동을 위한 모금에 참여한 것이 확실하다.
이때는 국내진공에서 연해주의병이 패전하고 전열을 다시 정비하
는 단계로 본다. 류인석이 안중근과 함께 1908년 말~1909년 초
까지 함께 활동했다면 어떤 방법에서이든 하얼빈의거에 관여했을
것으로 보는 것은 무리가 아니다. 그렇게 큰일을 즉흥적으로 수행
하기는 어렵고 상당한 기간 고뇌하면서 준비하는 과정에서 관여
이다. 단지동맹이 그 준비과정의 실례이다.

---

226) 황재문, 앞의 책, 235~238쪽. 정재관은 연해주에 오기 전 샌프란시스코에
    서 조직된 항일 독립단체인 공립협회에서 발간한 『공립신문』에도 관여한
    인물이다.
227) 국편, 「공술(우연준)」6-1909.12.4, 『독립운동사료』7-안중근편2, 431쪽.
    우연준은 우덕순과 같은 사람이다.
228) 김양·이선우(한국), 『리진룡 장군』중국조선족명인평전시리즈, 민족문화출판사·연
    변인민출판사, 2012, 63쪽.
229) 김양·이선우(한국), 앞의 책, 62~63쪽.

독립운동사료, 안중근의 신문조사에 다음과 같은 대화기록이 발견된다.

> 이 대장이 지원한 돈이 없었다면 이 일은 성사되지 못했을 것이다. … 이석산李錫山 이진용의 다른 이름이라는 의병장을 하고 있는 사람으로부터 100원을 빌려가지고 왔다. … 내가 연추를 출발하기 10일 전쯤에 그 사람이 연추에 왔으므로 알게 되었다. … 돈을 빌린 것은 두 번째 만났을 때였다. … 이등이 온 것을 알고 돈의 필요를 느껴 곤란해 하고 있던 참에 그 사람이 돈을 가지고 있다는 것을 알았으므로 그 사람을 만나 사정을 말하지도 않고 갑자기 대금이 필요하니 빌려 달라 만약 빌려주지 않으면 이 피스톨로 쏘고 나도 죽겠다고 말했던 바, 백삼, 사십원百三, 四十圓을 내 놓았으므로 그 백원百圓은 후일 갚겠다고 말하고 받은 것이다.230)

이진용은 황해도 평산 출신이며 류인석의 문인으로231) 그가 1908년 가을 연해주로 망명할 때 종행했다.232) 그는 평산의병을 일으켰던 의병장이며 평산의병은 류인석의 배후 지휘에 의해 이루어진 의병전쟁으로 전해진다.233) 일제 수사기관의 보고에 따르

---

230) 국편, 「신문조서」8-1909.12.20, 『독립운동사료』6-안중근편1, 249~250쪽.
231) 한국인명대사전편찬실 편, 앞의 책, 738쪽.
232) 류인석, 「연보」, 『의암집』인, 1908년 7월조, 817~818쪽.
233) 국편, 「1908.7 평안도 통보-한헌경 乙韓憲警 乙 821」, 『독립운동사료』11-

면 평산의병의 주창자를 류인석으로 기록하였다. 그의 문인들이 스승의 명에 따라 의병을 일으켰다는 뜻이며 그 선봉에 이진용이 섰다.

류인석의 문인이며 류인석을 직접 종행하여 연해주에 와서 함께 의병활동 중인 이진용이 이와 같이 안중근의 의거계획을 돕는 일을 류인석이 모를 수는 없을 것이다. 더구나 류인석은 국내와 연해주를 총괄하는 한국의병 통합창의대장이다. 다른 한 편으로 생각하면 위의 대화에서 피스톨로 쏘아 같이 죽겠다는 과격한 행동은 협박이 아니라 안중근이 이토 히로부미 저격의 결연한 의지를 나타낸 것으로 생각할 수 있다.

당시 독립운동계에서는 안중근 의사 의거의 배후인물이 류인석이라는 소문이 있었고, 『안중근자료집』일본외무성소장 기밀문서에도 같은 뜻으로 지목된 내용이 기록되어 있다. 류인석 역시 직접 안중근의거에 관여한 바 없으나, 그러나 이진용이 안중근 의거에 관여했음으로 그 빌미를 제공한 자신도 간접적으로 관여한 것으로 볼 수 있다고 언급한 자료를 남겼다.234) 이 말은 은유적이지만 의거의 배후에서 류인석이 안중근을 지원한 사실을 시인한 것이다.

거사 자금을 이진용이 안중근에게 지원했다는 기사는 당시 블라디보스토크에서 발간되는 『대동공보』에서 평산의병과 함께 이진용을 보도 하면서 세상에 밝혔다. 그 기사는 "이진용이 1909년에 장인의 편지를 받고 또 블라디보스토크로 건너간 후 안중근

의병편4, 439~440쪽.
234) 김양·이선우(한국), 앞의 책, 64쪽.

을 만나 조선침략의 원흉인 이토 히로부미 암살계획을 듣고 그에
게 거사자금 100원을 지원하였다"235)는 내용이다.

다음은 중국인이 쓴 안중근의 하얼빈의거 자료이다. 간자체 원
문을 번역한 글이다. 글의 제목은 "안중근의 이토 히로부미 저격
을 지원하다"이다.

안중근은 독립운동에 종사했다. 그 배후에는 류인석과
이진용의 지원과 찬조가 있었다. 이진용과 안중근의 이러
한 관계는 러시아의 블라디보스토크에 있었던 공립협회
에 참여하여 활동할 때의 상황이다. 이진용은 일찍이 안
중근의 항일투쟁을 위해 도움을 주었다. 이토 히로부미를
저격할 때 두 번에 걸쳐 도운 것이다. 첫 번째 도운 일은
현금 100원을 지원한 일이다. 두 번째 도운 일은 안중근
이 이토 히로부미를 저격할 때 사용한 권총이다. 이것은
본디 이진용의 권총이었다.

(원문 : '支援安重根擊殺伊藤博文지원안중근격살이등박문'.
安重根從事獨立運動안중근종사독립운동, 其背后有柳麟錫
和李鎭龍的支援和贊助기배후유류인석화이진용적지원화찬조,   李
鎭龍和安重根是在俄領海蔘葳參加共立協會活動時
狀況的이진용화안중근시재아령해심위참가공립협회활동시상황적,   李鎭龍

235) 김양·이선우(한국), 앞의 책, 62쪽.

曾爲安重根抗日斗爭이진용증위안중근항일투쟁, 擊殺伊藤博
文격살이등박문, 支援過二次지원과이차, 其一次爲支援現金
기일차위지원현금, 100圓100원, 第二次爲安重根擊殺伊藤
博文時用的제이차위안중근격살이등박문시용적, 手枪수창, 時李鎭
用的시이진용적, 手枪수창)236)

　이 글은 류해동의 「의암류선생약사」의 내용에서 인용하여 편집
하였다고 출처를 기록하였다. 류인석과 이진용이 배후에서 안중근
을 지원한 사항을 서술한 것이다. 특히 이진용의 경우 블라디보스
토크에서 함께 공립협회에 가입하여 막역한 지인으로 하얼빈의거
를 수행하는데 두 번에 걸쳐 지원한 사실을 들고 있다. 100원의
거사지원금과 자신의 권총을 빌려주어 이토 히로부미를 저격하는
데 편의를 제공한 것이다. 이 기사로 보아 류인석이 안중근의 하
얼빈의거에 관여는 비록 류해동의 글을 인용한 것이지만 그런 류
인석의 지원이 사실이라고 중국인은 보았다.

　당시 일제 수사기관에 쫓기는 상황으로 보아 류인석이 문집에
조심스럽게 간접적인 지원을 기술한 사실은 그의 관여를 시인한
것임을 이미 설명했다. 또 비록 류인석이 직접 관여한 사실을 기
록으로 남겼더라도 문인들이 1917년 스승의 유고를 모아 편집하
는 과정에서 경미한 관련으로 축소 기록했을 수 있다. 1915년 류
인석이 타계한 후 2년 뒤에 문인들이 선사先師의 유고를 모아 이미
일제 세력이 장악하여 적지나 다름없는 만주 회인현에서 문집을

---

236)　朝鮮民族與兄弟民族聯合抗戰記實/曹文奇主編조선민족여형제민족연합항전기실/조문기주편,
　　　『風雨同舟戰遼東풍우동주전요동』, 遼宁民族出版社요녕민족출판사, 2012, 55쪽.

간행하는 과정은 매우 어려웠다.237)

  문집에 실린 안중근 의거에 대한 관련성을 말한 기사는 다음과 같다. 안중근의 하얼빈의거 소식을 듣고 류인석은 만고 의협의 우두머리라고 크게 칭송하고, 안중근 구호운동에 자금을 내어 동참한 것으로 기록하고 있다.238) 또 안중근 의거에 대해 류인석 자신의 연관관계를 기술하였는데 그의 생각하는 바가 많이 축소되거나 일제의 감시를 피하여 문집을 간행하려는 목적에서 다르게 기술될 수도 있었던 상황에 대해 이미 설명했다.

  문집, 지地, 「잡저雜著」권32, '산언散言'의 기록을 참고로 살펴본다.

  혹자가 묻기를, 안응칠이 이등박문을 죽였는데 그대가 지시하여 한 것이라고 하니 그런 일이 있었습니까. 나는 말하기를, 아닙니다. 이등박문의 사건 뒤에 왜적이 의심하여 블라디보스토크에 후작을 보내어 정탐을 하게하고 나와 이석대를 러시아의 관아에 힐문하고 위기가 있을 것 같다고 하여 이 참찬 상설보재 이상설李相卨이 편지를 주어 경계하기를 권하였습니다. 그러나 나는 실제로 그 일을 알지 못하였습니다. 나는 이 참찬에게 답장을 주어 이르기를, 이등박문을 죽인 일은 내가 아는 바가 아닙니다. 강제로 나 때문이라고 하면 가하단 말입니까. 내가 여기

---

237) 졸고, 「연해주 한국의병 창의대장 의암 류인석」, 앞의 책, 58~60쪽.
238) 류인석, 「연보」, 『의암집』 인, 1909년 9월조, 821쪽.

에 오지 않았으면 이석대도 오지 않았을 것이니 이석대
가 오지 않았으면 안응칠도 또한 일을 하지 못하였을 것
이기 때문에 이렇게 말하면 혹 나 때문이라고 말 할 만
합니다. 그러나 나와 이석대로 하여금 여기에 오게 한 것
은 이등박문이 그렇게 만든 것입니다. 그가 죽은 것도 자
기 때문이요. 어찌 다른 사람 때문입니까. 또 늙은 놈이
어찌 이등박문을 죽이고자 하지 않겠습니까. 조속한 시일
에 그를 잡아 죄를 따지고 머리를 베는 것이 나의 뜻이
었으니 저 왜적 이등박문이 어찌 나를 알겠습니까.[239]

글의 내용을 상세히 살펴보면 관여되지 않았다고 말하면서도
자초지종을 은유적으로 애매하게 표현하여 그 실상을 증험하였다.
깊이 내용을 음미해 보면 안중근이 이토 히로부미를 저격한 원인
이 류인석 자신에게 있다고 보는 것은 옳다고 말한 것이다. 이 말
은 결국 류인석이 관련하고 있음을 스스로 고백한 것으로 판단된
다. 문집이 만주에서 일제의 감시 속에 간
행되었다면 당연히 직접관여의 문구는 스
스로 뺏거나 삭제 당했을 것이다.

그러나 이토 히로부미가 죽은 것은 그
가 한국에서 저지른 악행의 죄 값을 치른
것으로 말하여 자업자득의 인과응보로 결
론하고 있다. 비록 류인석이 늙었지만 기

이토 히로부미 이등박문伊藤博文

239) 류인석, '산언', 「잡저」권32, 『의암집』지, 650쪽.

회가 주어졌다면 이토 히로부미를 죽여 나라의 원수를 갚았을 것이라고 기백을 피력한 것은 당시의 사정으로 볼 때 그의 뜻을 옳게 전한 혈기 있는 표현으로서 편집한 제자들의 용기는 가상한 것이다.

류인석이 피력한 이토 히로부미의 죽음은 한국에서 자행한 악행의 대가라는 말과 연관하여 안중근의 이토 히로부미 15가지 죄목을 살펴본다.

1. 한국 명성황후를 시해한 죄요.
2. 한국 황제를 폐위시킨 죄요.
3. 오조약과 칠조약을 강제로 체결한 죄요.
4. 무고한 한국인을 학살한 죄요.
5. 정권을 강제로 빼앗은 죄요.
6. 철도, 광산, 산림, 천택을 마음대로 빼앗은 죄요.
7. 제일은행권 지폐를 발행 마음대로 사용한 죄요.
8. 군대를 해산시킨 죄요.
9. 교육을 방해하고 신문 읽는 걸 금지시킨 죄요.
10. 한국인들의 외국유학을 금지시킨 죄요.
11. 교과서를 압수하여 불태워 버린 죄요.
12. 한국인이 일본인의 보호를 받고자 한다고 세계에
    거짓말을 퍼뜨린 죄요.
13. 현재 한국과 일본 사이에 분쟁이 쉬지 않고 살육

이 끊이지 않는데, 한국이 태평무사한 것처럼 위로
천황을 속인 죄요.

14. 동양평화를 깨뜨린 죄요.

15. 일본 현 천황의 아버지 고메이_{효명孝明} 선제를 죽인
죄라고 했다.240)

위 안중근이 열거한 이토 히로부미의 15가지 죄와 류인석의 시
를 살펴봄으로써 류인석의 하얼빈의거 관여를 유추해 본다.

咏倭睦仁伊藤博文_{영왜목인이등박문}

睦藤弑逆罪天通_{목등시역죄천통}
惡獸凶禽無是同_{악수흉금무시동}
今日文明時代世_{금일문명시대세}
謂之極等上英雄_{위지극등상영웅}

왜인 목인과 이등박문을 읊다.

목인과 이등이 시해한 반역은 죄가 하늘에 사무치니
흉악한 금수도 이와 같음은 없어라
지금과 같은 문명 시대 세상에
최상 등급 영웅이라 말하네.241)

---

240) 안중근, 앞의 책, 101~102쪽.
241) 류인석, 류인석, 「권2 시」, 『의암집』 천, 176~177쪽.

목인睦仁은 일제 메이지명치明治 천황1852~1912이다.242) 이토 히로부미
는 메이지 천황 때 사람이며 결국 이토의 한국에 대한 만행으로
열거한 15개의 죄목은 메이지와 연관이 있다. 이토는 하수인이고
사주자는 메이지이다. 그 극악한 죄인의 한 사람을 격살한 안중근
을 류인석이 세상의 으뜸 영웅으로 칭송하고 있다. 시역죄弑逆罪는
열거한 15개 죄목을 말한다.

끝으로 중국인들이 안중근 의사의 장거를 기념하고 한중韓中 두
나라의 친선을 증진하기 위해 안 의사 서거 백 주년을 맞아 하얼
빈시인민정부보도판공실哈尔濱市人民政府報道辦公室과 하얼빈시조선민족예술
관哈尔濱市朝鮮民族藝術館이 공동으로 역사자료집을 기획, 출판하였다.
『中國人心目的安重根중국인심목적안중근』으로 이름 붙인 이 책을 통해
중국인들이 안중근의 의거를 생각하는 관점과 그들이 안 의사를
흠모하는 정도를 살펴본다. 이 자료집은 『중국인 마음속의 안중
근』으로 책 이름을 번역하였다.

이 책을 편집한 사람들은 안중근 의사 의거와 관련하여 중국
각지의 간행물에 기재된 사설, 시사평론, 신문보도 405편을 수집
하였다. 사건에 대한 중국 매체들의 보도와 평론은 객관적이고 공
정하고 전면적이었다고 평가하였다. 여러 신문은 이토 히로부미가
한국과 중국을 침략하고 아시아평화를 짓밟은 죄행을 폭로하였고,
이토의 만주행은 중국을 진일보 침략하기 위한 정치적 음모이며,

---

242) 인터넷 정보, 「목인睦仁」, Daum 통합검색.

이토는 한중 양국 국민에게는 공동의 적임을 지적하면서 이토의 죽음에 대해 기뻐하는 중국 국민의 심정을 여실히 반영하였다고 평하고 있다.

당시 각 신문은 안중근 의사의 하얼빈의거는 정당하다고 평가하면서 안중근 의사의 품격을 높이 찬미하고 한국의 민족독립운동을 적극 성원하였다. 또 안 의사의 옥중투쟁과 동양평화사상에 대해서도 대량 보도하였다. 안중근은 법정에서 "나의 목적은 한국독립과 동양평화를 수호하는 것이다. 이토를 죽인 것은 사사로운 원한이 있어서가 아니고 동양평화를 위함이다"라고 재삼 주장하였다.

안중근은 사형을 선고 받은 후 『안응칠 역사』를 완성하고, 『동양평화론』의 「서언」과 「전감」 부분을 집필하였다. 안중근은 한국독립을 위해 헌신한 애국의사이며 동양평화를 위해 헌신한 평화의 전사라고 극구 찬양하였다.

위에서 책의 내용을 설명한 것처럼 중국의 신문과 잡지들은 수많은 글을 발표하여 안 의사의 의거를 찬양하고 깊은 애도를 표시하였다. 손문孫文 손중산孫中山, 장중정蔣中正 장개석蔣介石, 주은래周恩來, 양계초梁啓超, 장태염張太炎, 한염韓炎, 주호周浩 장경국蔣經國 등 명사들의 제사題詞와 찬시讚詩, 비문碑文을 써서 안중근 의사를 기념하는 글이 실려 있다. 또한 오페라, 가곡歌曲 등으로 중국인들 마음속의 안중근 의사는 천추에 빛나는 민족영웅이며 세계평화의 공적公敵을 처단한 위인으로 평가하였다.

의거 후 백년 간, 안중근 의사의 사적과 사상은 줄곧 중국인들

의 존경과 찬양을 받았다. 사람들은 그의 영웅적 헌신을 기리는
동시에 그의 사상 특히 그가 창론創論한 동양평화사상東洋平和思想을 깊
이 연구하였고 새로운 성과를 거두었다. 하얼빈만 보더라도 보고
회, 좌담회, 기념회 등 다양한 기념행사가 있었다. 오페라, 음악회,
시 낭송 등 문예공연도 진행되었다. 여러 간행물에 논문이 발표되
었고 연구서적, 논문집, 화책 등 간행물이 출판되었다.

　하얼빈시 조선민족예술관에는 『안중근의사기념전安重根義士紀念展』
이 설립되었다. 하지만 "안중근 의사의 애국주의를 핵심으로 하는
민족정신과 동양평화를 위한 영웅적 헌신정신은 응당 더욱 널리
알려져야 하며 안중근 연구도 그 폭과 심도를 더욱 확장하여야
할 것이다"라고 책의 서언序言에서 안중근 현창사업의 계속성을 주
장하고 있다.243)

　이 글이 위 책 서언에 기록한 대체적 내용과 풀이이며, 중국인
들이 하얼빈의거를 통해 안중근이 공공의 적을 격살한 것으로 얼
마나 그들이 대리만족을 얻고 또 안 의사를 얼마나 흠모했나를
짐작할 수 있다. 이 근거는 1895년 청일淸日이 맺은 「시모노세키조
약하관조약下關條約」의 주역으로서 이토 히로부미가 중국인에 준 불행한
과거사이다.

　이 조약의 조건으로 중국이 부담한 2억 량의 배상 피해는 청나
라가 멸망한 원인이 되었다. 타이완臺灣은 그 후 1945년까지 50년
간 일본의 식민지가 되었고, 다시 반환했지만 랴오둥 반도가 할양
되는 비운을 중국인은 겼었다. 그때 할양했던 펑후제도澎湖諸島 역시

---

243) 徐明勳서명훈・李春實이춘실 編著편저,앞의 책, 「序言」, 2쪽.

지금까지도 중국에게는 국제적 문제로 남아 있다. 당시 2억 량은 중국의 3년 치 예산이며, 일본의 4년 반치 예산에 해당하는 거금 이었다.[244]

이에 비하여 우리는 민족의 영웅 안중근 의사를 얼마나 바르게 선양하고 그를 통하여 후세인의 귀감을 삼기 위해 과연 어떤 일을 했나에 대해 깊이 반성하는 자세는 중요하다. 중국 명사의 제사, 평가, 찬시, 중국인들이 찬양하여 노래 말로 부른 가곡 및 주요 신문 보도자료 일부를 부록에 수록하였다.

---

244) 인터넷 정보, 「시모노세키조약」, Daum 통합검색.

5. 결론

안중근 의사는 한말 위대한 민족의 우국지사이다. 그는 교육구국의 웅지를 국내에서 펴다가 큰 이상을 가지고 만주로 건너가 독립운동에 참여하려 계획했다. 그러나 당시 중국의 사정으로 큰 포부를 펴기에 적당한 곳이 아님을 알고 다시 연해주로 갔다. 그곳에서 최재형·이범윤 등 많은 애국지사와 사귀고 연해주의병의 모체인「동의회」창설에 가담했다. 1908년 5월에 창립된「동의회」는 6월 하순경 연해주의병 창의의 핵심이 되었다.

연해주의병의 총대장은 김두성이며, 부장수는 이범윤 등이고, 안중근은 그 휘하의 참모중장으로 참가했다. 현지의 여러 사정은 안중근이 독립운동의 노선을 변경하는 원인이 되었으며, 그 결과는 1909년 10월 26일 '하얼빈의거'로 흉적 이토 히로부미를 저격하여 민족의 한을 풀기에 이르렀다.

여러 연구의 결과 연해주의병의 창의대장 김두성의 실체는 강원도 출신 의병장 류인석이 정설이다. 이 정설을 학술적으로 규명하기 위해 필자는 활용자료의 사실성을 먼저 고증하는 기존의 자료 활용방법과 다른 연구방법을 선택하였다. 그런 절차에서 '표준자료'인 '1908년 8월 함경도 정보-헌기 432호'의 독립운동사료가 가치 있는 자료임을 확인한 후 활용하였다.

그 결과로 얻어진 성과는 연해주의병 총대장 김두성과 창의대장 류인석이 갖는 창의의 시간과 공간이 일치하지 않다는 기존의 결론을 해결할 수 있었다. 즉, 1908년 6월 하순경 두 사람 모두

연해주에서 창의한 사실을 밝혀냄으로써 때와 장소를 공유하도록
이끌어낸 것이다. 류인석과 김두성이 동일인임을 이런 방법으로
확인하여 선행연구에서 규명하지 못한 난제를 해결하였다.

따라서 안중근이 참모중장으로 참여한 연해주의병 총대장 김두
성은 창의대장 류인석의 가명으로서의 의병장이다. 이 결과 총대
장 김두성-부장수 이범윤 등-참모중장 안중근은 창의대장 류인석
-부대장 이범윤 등-참모중장 안중근의 체제가 될 수 있다. 안중
근은 창의대장 류인석의 지휘 아래 연해주의병에서 참모중장으로
의병전쟁에 참가했다. 여순 옥중에서 총대장 김두성을 거명한 것
은 안중근이 류인석의 실명을 숨김으로써 그의 신변안전을 도모
하고자 의도한 고뇌의 산물이며, 끝까지 이를 주장할 수 있었던
것은 성인의 의지이다.

이와 같이 창의대장 류인석 휘하의 참모중장으로 안중근은
1908년 6월 말 경 국내진공에 앞장섰다. 많은 전투에서 승패를
거듭하며 7월 19일 함경북도 회령을 공격하였으나 패전하고 회군
했다. 그 후 연해주의병의 재건을 위해 안중근은 모금, 유세 등의
방법으로 선두에 서서 노력하였다.

그러나 당시 러시아는 일제의 압력에 의해 연해주의병을 금지
하였으며, 더욱 일이 어렵게 된 것은 연해주의병 내의 양대 세력
인 이범윤파와 최재형파의 불신과 극한적 대립의 불화이다. 이는
최재형 계열인 안중근의 독립운동 진로를 변경하게끔 만드는 계
기가 되었을 가능성이다.

독립운동의 방향을 새롭게 모색하기 위해서 안중근 등 12인은

단지동맹으로 나아갈 의지의 상징으로 삼고 새로운 구국의 길을 찾은 것이 일제 침략의 원흉 이토 히로부미를 저격하여 살해하는 계획이다. 이토 히로부미가 한국인에게는 물론 침략의 원흉이지만 중국인에게도 천추의 원수로 부각되어 있음을 하얼빈의거 후 중국의 많은 명사들이 여러 방법으로 안중근을 찬양한 근거와 또한 유수한 신문들이 보도한 내용과 보도회수를 보면 알 수 있다.

이 근거는 1895년 청나라와 일본이 맺은 「시모노세키조약」의 주역으로서 이토 히로부미는 중국이 부담한 2억 량의 배상 피해의 원인을 제공하여 청나라가 멸망으로 가는 한 원인이 되었다. 또 타이완은 그 후 1945년까지 50년간 일본의 식민지가 되었다. 이런 이유로 중국인들은 안중근의 쾌거에 더욱 환호했다.

안중근은 하얼빈 역두에서 의거를 단행하여 성공한 후 일제 헌병대의 진술에서 그가 실천 행동한 의거의 배후인물로 총대장 김두성을 거명했다. 김두성이 류인석의 가명으로서의 창의대장이라면 안중근은 당연히 류인석의 지휘를 받는 연해주의병의 참모중장이다. 그의 주장은 연해주의병 창의대장 김두성의 직접 지시를 받아 활동하는 특파독립대장임을 역설한 것이다.

이 사실을 혹자들은 안중근이 전쟁포로로서 대우를 예상한 진술이라고 하지만 사생관을 이미 하늘에 맡긴 성인의 입장에서는 죽고 사는 것은 의미가 없다. 이와 같이 사생을 초월한 의지의 결과는 옥중에서 자서전『안응칠 역사』을 완성하고 『동양평화론』을 집필하는 등 성인만이 실천할 수 있는 의연함을 보이고 당당히 순국했다는 것에서 찾아진다. 그가 남긴 겨레에게 귀감이 되는 격조 높은 유묵들은 유학자적 식견으로서의 걸작이다. 그는 이 유산을 남겨 진실로 후세가 교훈으로 삼도록 한 선각자요 지사이다.

이 글의 결론이다. 안중근의 하얼빈의거는 그가 옥중에서 시종일관 진술한 사실을 인정한다면 총대장 김두성의 지휘를 받는 대장 직속 특파독립대장의 직책으로 수행한 의거였다. 그렇다면 그의 하얼빈의거는 김두성의 지휘를 받은 의병활동의 연속선상에서의 독립운동이다. 따라서 김두성이 류인석이므로 자연스럽게 안중근은 하얼빈의거에서 류인석의 지휘를 받은 것이다. 다만 그 지휘가 직접적인가 간접적인가는 별개의 문제이다.

2부 참고문헌

1. 단행본·논문

구국운동총서연구회 편, 『독립운동대사전』, 대한민국광복회, 1985.

구태훈, 『구태훈 교수의 안중근 인터뷰』, 재팬리서치21, 2009.

국사편찬위원회 편, 『한국독립운동사자료』6-안중근편1, 국사편찬
　　　　　위원회, 1976.

--------------, 『한국독립운동사자료』7-안중근편2, 국사편찬위
　　　　　원회, 1978.

--------------, 『한국독립운동사자료』11-의병편4, 국사편찬위
　　　　　원회, 1983.

--------------, 『한국독립운동사자료』12-의병편5, 국사편찬위
　　　　　원회, 1983.

--------------, 『한국독립운동사자료』13-의병편6, 국사편찬위
　　　　　원회, 1984.

--------------, 『한국독립운동사자료』34-러시아편1, 국사편찬
　　　　　위원회, 1997.

김양·이선우(한국), 『리진룡 장군』(중국조선족명인평전시리즈), 민
　　　　　족출판사·연변인민출판사, 2012.

김희곤, 『신돌석 백년만의 귀향』, 푸른역사, 2001.

민중서림편집국 편, 『한한대자전』, 민중서림, 2005.

박대통령각하서시만수사보존회 편, 『의사 안중근 전기』, 도서출판
　　　　　한국학 자료원, 2013.

박환, 『민족의 영웅, 시대의 빛 안중근』, 도서출판 선인, 2013.

-----, 『시베리아 한인민족운동의 대부 최재형』, 역사공간, 2008.

배종호, 『한국유학사』, 연세대학교출판부, 1997.

徐明勳 · 李春實 編著, 『中國人 心目中的 安重根』, 黑龍江敎育出版
社,2009.

신운용, 「안중근의 의병투쟁과 활동」, 『한국민족운동사연구』54, 한
국민족운동사연구회, 2008.

안중근, 『안중근 의사 자서전』, 범우사, 2012.

류인석 독립기념관 편역,『국역 의암집』, 제천문화원, 2009.

류해동 「의암유선생약사」, 필사본(유연창 소장)

윤병석 『안중근 연구』, 국학자료원, 2011.

이기백 『한국사신론』, 일조각, 1999.

이상봉 · 이선우(편), 『이진용 의병장 자료전집』, 국학자료원, 2005.

이수광 『안중근 불멸의 기억』, 추수밭, 2009,

이현희 『우리나라 근대인물사』, 새문사, 1994.

장세윤 『홍범도의 생애와 항일의병투쟁』, 독립기념관 한국독립운동
사연구소, 1992.

정우택 「연해주 한국의병 창의대장 의암 류인석」, 『의암학연구』제
11호, 2014.

-----, 「연해주 한국의병 총대장 김두성 연구」, 『의암학연구』제10
호, 2013.

조동걸, 「안중근 의사 재판기록상 인물 김두성고-구한말 연해주 지방
의병사의 단면-」, 『춘천교육대학논문집』7, 1969.

朝鮮民族與兄弟民族聯合抗戰紀實/曹文奇 主編, 『風雨同舟戰遼東』,
遼宁民族出版社, 2012.

조창용 독립기념관 한국독립운동사연구소 편역, 『백농실기』, 독립
      기념관 한국독립운동사연구소, 1993.
한국문집편찬위원회 편, 『후조선생문집』, 경인문화사, 1997.
한국인물대사전편찬실 편, 『한국인물대사전』, 신구문화사, 1995.
황재문 『안중근 평전』, 한겨레출판, 2012.

데이터베이스 및 웹사이트

인터넷 정보, 「목인睦仁」·「시모노세키조약하관조약」·「탈아론脫亞論」·
     「황화론黃禍論」, Daum 통합검색.

부 록

한국 측 자료

부록-1 류인석의 연해주 왕복과 망명 추정 노정

(자료: 연구결과에 의한 추정)

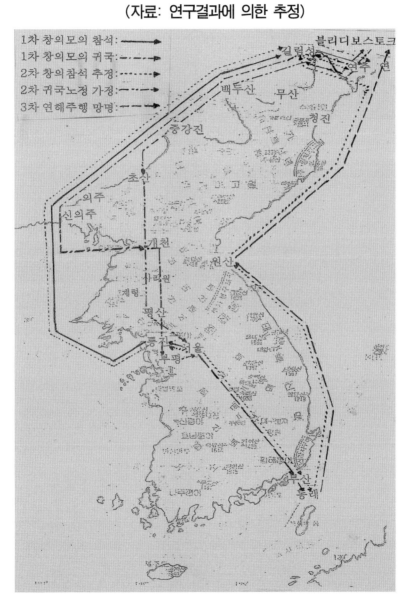

부록-2 「의암류선생약사毅菴柳先生略史」

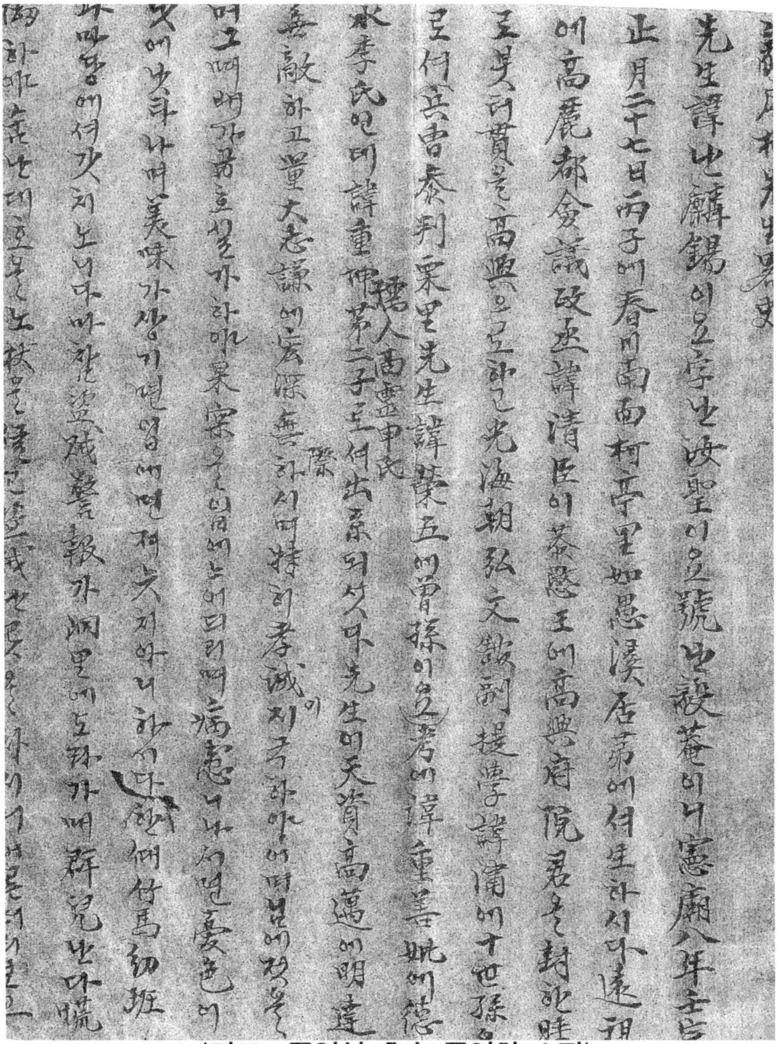

(자료: 류인석 후손 류연창 소장)

부록-3 『해조신문』 1908.3.21.제21호 「기서寄書」

「일심결합론一心結合論」 「인심단합론人心團合論」

(자료: 박환, 『민족의 영웅, 시대의 빛 안중근』)

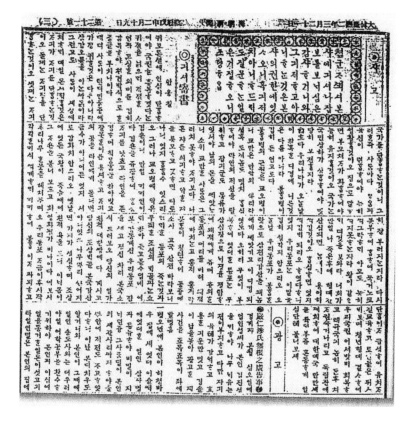

부록—4 『권업신문』 1914.7.3. 제125호,
「안중근 전」·「동의단지회 취지서」
(자료: 박환, 『민족의 영웅, 시대의 빛 안중근』)

부록-5 『해조신문』 1908.4.27 제36호, 「동의회 취지서」

(자료: 박환, 『민족의 영웅, 시대의 빛 안중근』)

부록-6 「동의회 취지서」 전문
(자료: 박환, 『민족의 영웅, 시대의 빛 안중근』)

『해조신문』, 1908년 5월 10일자에 실린 동의회 취지서다.

연추에서 유지신사 제씨가 동의회를 조직하였는데 그 취지 전문이 여좌하니,

무릇 한 줌 흙을 모으면 능히 태산을 이루고, 한 홉 물을 합하면 능히 창해를 이룬다 하나니 적은 것이라도 쌓으면 큰 것이 될 것이오, 약한 것이라도 합하면 강한 것이 됨은 고금천하의 정한 이치라. 그런고로 『주역』에 이르기를 두 사람만 동심하여도 그 이로움날카로움이 쇠를 끊는다 하고 『춘추전』에 말하기를 여러 마음이 합하면 성을 쌓는다 하였으며, 서양 정치가도 항상 말하기를 나는 뇌정도 두렵지 않고 대포도 겁나지 않되 다만 두렵고 겁나는 것은 중심이 합하여 단체된 것이라 하였으니 자고로 영웅호걸이 위태하고 간험한 때를 당하여 충의 열성으로 나라를 붙들고 세상을 건지고저 할진대 반드시 의기남자義氣男子와 열열지사를 연람하여 단체를 빚어 소리 같은 이는 서로 응하고, 지기 같은 이는 서로 구한 연후에야 능히 굉대한 사업을 이루며 능히 거룩한 공명을 세우나니 옛적에 유·관·장 3인은 도원에 결의하여 400년 유씨의 기업을 다시 촉한에 중흥하고, 아지니마치니와 가리파지가리발디는 영호를 결합하여 소년 이태리를 창립함으로 구라파 남반도에 십일만 방리의 신라마로마를 다시 건립하였으니, 이것은 다 고금

영걸지사의 몸을 잊어 나라에 드리고 마음을 합하여 의기를 떨침
이라.

슬프다. 우리 동포여, 오늘날 우리 조국이 어떤 상태가 되었으
며, 우리 민족이 어떤 지경에 빠졌는지, 아는가 모르는가. 위로는
국권이 소멸되고, 아래로는 민권이 억압되며, 안으로는 생활상 산
업권을 잃어버리고, 밖으로는 교통상 제반권을 단절케 되었으니
우리 한국 인민은 사지를 속박하고 이목을 폐색하여 꼼짝 운동치
못하는 일개 반생물이 된지라, 어찌 자유 활동하는 인생이라 하리
오.

대저 천지간에 사람으로 생겨서 사람 된 직책이 많은 중에 제
일은 국가에 대한 직책이니 국가라 하는 것은 곧 자기 부모와 같
이 자기의 몸을 생산할뿐더러 자기의 부모형제와 자기의 조선 이
상으로 기백대 기천년을 자기까지 혈통으로 전래하면서 생산하고
매장하던 땅이오, 또한 기백대 조선 이하로 그 종족과 친척을 요
량하면 전국 내 몇 천만 인종이 다 서로 골육친척이 아니 되는 자
가 없으니 일반 국가와 동포는 그 관계됨이 이같이 소중한 연고
로 국가에 대한 책임은 사람마다 생겨날 때에 이미 두 어깨에 메
고 나는 것이라, 만약 사람으로서 자기 나라에 열심하는 정신이
없고 다만 야만과 같이 물과 풍을 쫓아다니며, 어디든지 생활로
위주하면 어찌 금수와 다르리오.

가령 한 나라 안이라도 고향을 떠나 오래 타향에 작객하면 고
향 생각이 간절하거늘 하물며 고국을 떠나 수천 리 외국에 유우流
寓하는 우리 동포는 불행히 위험한 시대를 당하여 조국의 강토를

잃어버릴 지경이요, 형제 친척은 다수 화중에 들어 만목수참滿目愁慘한 경상이라, 어찌 슬프지 않으리오. 눈비 오는 궂은 날과 달 밝고 서리 찬 밤 조국 생각 간절하여 꽃을 보아도 눈물이요, 새소리를 들어도 한숨짓는 자고, 충신열사의 난시를 당하여 거국이향去國離鄕한 회포를 오늘이야 깨닫겠도다. 만약 조국이 멸망하고 형제가 없어지면 우리는 뿌리 없는 부평이라. 다시 어디로 돌아가겠는가. 그리하면 우리는 어찌하여야 우리 조국을 붙들고 동포를 건지겠는가. 금일 시대에 첫째 교육을 받아 조국 정신을 배양하고, 지식을 밝히며 실력을 길러 단체를 맺고 일심동맹하는 것이 제일 방침이라 할지라. 그런 고로 우리는 한 단체를 조직하고 동의회라 이름을 발기하나니.

슬프다. 우리 동지 동포는 아무쪼록 우리 사정을 생각하고 단체 일심이 되어 소년 이태리의 열성으로, 조국의 정신을 뇌수에 깊이 넣고 교육을 발달하여 후진을 개도하며, 국권을 회복하도록 진심 갈력할지어다. 저 덕국獨逸 비스맥비스마르크은 평생에 쇄와 피의 두 가지로서 덕국을 흥복하고 부강을 이루었으니, 우리도 개개히 그와 같이 철환을 피치 말고 앞으로 나아가서 붉은 피로 독립기를 크게 쓰고 동심동력하여 성명을 동맹하기로 청천백일에 증명하노니 슬프다 동지 제군이여.

동의회 총장 최재형, 부총장 리범윤, 회장 이위종, 부회장 엄인섭 등

부록-7 안중근의 하얼빈의거 관련 일정

(자료: 박환, 『민족의 영웅, 시대의 빛 안중근』)

부록8 『그래픽The Graphic』1910.4.16. 찰스 모리머Charles Morrimer

안중근 재판 관련 기고문

(자료: 박환, 『민족의 영웅, 시대의 빛 안중근』)

A JAPANESE "CAUSE CÉLÈBRE"
THE TRIAL OF PRINCE ITO'S MURDERER. By Charles Morrimer.

"AN," THE MURDERER

"RYU," AN ACCOMPLICE

THE JAPANESE BLACK MARIA waiting outside the Court at Port Arthur for the murderers of Prince Ito.

A SCENE AT THE TRIAL; The crowd waiting to see the accused brought in. The empty bench is for the prisoners.

"AN," AN ACCOMPLICE

부록-9 찰스 모리머의 안중근 재판 관련 기고문 해석
(자료: 박환, 『민족의 영웅, 시대의 빛 안중근』)

일본의 한 '유명한 사건'
- 이토 공작 살해범 재판 참관기 -

1. '유명한 재판' 준비

일본인들은 이토 히로부미 공작의 살해범을 법정에 세움에 있어서 전 세계의 이목이 그들에게 집중되어 있다는 사실을 잘 알고 있었다. 그들은 이 재판이 단순히 한 '유명한 재판 사건' 이상이라는 것도 잘 알고 있었다. 이 재판은 이 암살사건에 연루된 범죄자들에 대한 재판일 뿐만 아니라 일본의 현대 문명이 재판을 받는 하나의 시험 케이스이기 때문이었다.

이런 이유에서 일본정부 당국이 이 재판의 진행에 아주 세세한 부분에까지 대단한 주의와 준비를 하였다는 사실은 놀랄 일이 아니다. 담당 검사와 실무자들은 그간 증거의 수집, 목격자들의 조사, 그리고 살해 동기의 점검과 재점검에 석 달을 소비하였다. 그 비극이 일어난 직후 이미 현장조사가 있었으며, 그것은 이 엄청난 사건이 가져오는 어쩔 수 없는 흥분에 대처하는 일본정부 당국의 자제력이 얼마나 강한가를 보여주기라도 하듯이 조용하게 그리고 공정하게 진행되었다. 소문내기 좋아하는 신문은 이들에게 태형과 손톱 제거와 같은 가혹한 고문이 가해졌다는 보도를 하기도 했지만 실제로는 이와는 달리 법이 허락하는 범위 내에서 최대한의 자비가 베풀어졌다. 이들에게는 난방이 잘 되는 감방과 비교적 좋은 식사가 제공되었으며, 이들은 인간적인 대우와 신문을 받았다.

주범 안중근의 동지들은 그를 변호하기 위하여 상해로부터 영국인 변호사 더글러스 씨를 선임하여 보냈으며, 이 변호사는 그 유명한 영국 해군제독 아치발드 더글러스 경의 아들이기도 했다. 피고는 통역을 통하여 이 외국인 변호사와 이야기할 수 있도록 허락되었다. 그가 외국인 변호사에게 한 최초의 말은 다음과 같다. "나의 동지들에게 나의 감사의 말과 안부를 전해 주시오. 지금까지 나는 나의 동지들이 나를 잊어버린 줄로 생각했다오." 무대 위에 올라 잠시 반짝 세계적인 명사가 되었다가 사라지는 모든 폭력적 혁명가들과 정치적 암살범들이 그렇듯이 이 피고인이 두려워하는 것도 사람들의 마음에서 멀어지고 망각 속으로 가라앉는 것이었다.

2. 첫 공판의 풍경

재판은 2월 7일 오전 9시가 지나서야 시작되었다. 그리고 이 재판이 열린 곳은 극동의 한 도시 항구 여순으로, 일본이 이 사건의 극적 효과를 높이기 위하여 신중하게 의도적으로 선택한 곳이었다. 이 유명한 요새로 된 작은 도시의 황량하기 그지없는 언덕배기에 위치한 크지도 않고 작지도 않은. 위압적이지도 않고 초라하지도 않은, 한 건물 안에 마련된 법정에는 판사, 검사, 그리고 통역을 담당한 사람들이 그들의 등을 벽 쪽으로 향한 채 긴 테이블에 함께 앉았으며, 이들 앞에 죄수들이 서서 이들의 질문에 직접 대답하도록 되어 있었다. 그 뒤에는 변호사들을 위한 좌석이 마련되어 있었다. 오른쪽에는 경비 헌병들이 앉을 등받이가 없는 걸상들, 그리고 이들 바로 왼쪽에는 죄수들이 앉을 벤치가 놓여 있었다. 그리고 칸막이 뒤에는 일반인들의 방청석이 마련되어 있었다.

여러 모로 보아 이 재판은 독일 법정을 모델로 진행되었다. 그도 그럴 것이 일본의 형법은 독일의 형법을 그대로 베낀 것이기에 어쩌면 당연한 일이었다. 그러나 자세히 들여다보면 원본과 카피사이에는 분명 약간의 차이는 있었다. 예를 들면 법관들은 프랑스 판사들처럼 가운을 입었고 머리에는 모자 비슷한 것을 썼는데 이런 의상이 가져오는 서양식 위엄은 의상실에서 옷을 갈아입고 구태여 구두를 벗어 놓고 일본식 게다^{나막신}를 신고 등장함으로써 상당 부분 깨졌다. 세상에 비록 그 사람이 제아무리 유명하고 뛰어난 사람이라 하더라도 신발을 질질 끌고 걸어간다면 결코 좋은 인상을 줄 수 없다. 더구나 관련 기록 서류를 푸른 무명 보자기에 싸서 들고 다닌다면 그 위엄과 권위는 손상될 수밖에 없다. 그러나 전체적으로 보아 이런 정도의 차이는 미미한 것이며, 속기사들과 통역사들조차 제복을 입고 있는 이 법정의 엄숙한 분위기를 심각하게 손상시키는 것은 물론 아니었다.

암살범 안중근과 세 사람의 공범들은 낡고 더럽고 딱딱한 죄수 호송마차에 실려 감옥에서 법정에 도착하였다. 이들은 법정에 들어서자 자기들을 위하여 마련된 벤치에 앉았다. 무거운 정적이 법정을 지배하였다. 온순한 동양인 방청인들은 너무나 얌전한 나머지 이 사건에 대하여 가타부타 일체 사사로운 의견을 표시하지 않았다. 만약에 누군가가 그런 시도를 했다면 제복을 입은 헌병에 의하여 즉시 제제를 받았을 것이다. 이 특별한 법정 경비원에게는 이 역사적인 재판의 권위와 공정성을 훼손하는 어떤 행위도 용납해서는 안 된다는 엄격한 지시가 내려져 있었으며, 경비원들은 이 지시를 글자 그대로 엄격하게 실행하였다. 방청객들 가운데 혹시라도 어떤 비 일본인이 앉아 있다가 무심코 다리를 꼬기라도 한다면 그는 즉시 엄중한 질책을 받았고 방청석 밖으로 끌려 나갔다.

3. 안중근-나도 말 좀 합시다.

사건 담당 검사는 우선 비극의 개요를 설명함으로써 재판을 시작했다. 그는 안중근에 대해서는 일급 살인범으로, 그리고 그의 동료이자 공범으로 체포된 다른 두 사람, 우씨우씨는 우덕순, 조씨는 조도선, 유씨는 유동하를 각각 가리킨다.와 조씨에게는 살인미수 혐의를 적용했다. 이 두 사람은 안중근에 앞서 이토 공작을 채가구역에서 살해하려고 했지만 러시아 철도 경비원들의 감시 때문에 계획을 포기해야만 했다. 그리고 또 한 사람의 공범 유씨는 이들과 은밀한 접촉을 하고 서신을 전달한 혐의로 기소되었다.

검사가 그간 준비된 빈틈없는 증거의 그물을 가지고 이들 하나하나의 범죄 행위를 엮어 가는 동안 이 네 사람은 동요하는 빛이 없이 조용히 앉아 있었다. 그들에게 모든 사람들의 시선이 집중되어 있었지만 안중근에게 특히 더 그랬다. 그는 좀 지루하다는 표정이었다. 그의 일관된 요구는 "나에게도 말할 기회를 주시오. 나도 말 좀 합시다. 나에게도 할 말이 많소"였다.

드디어 검사의 사건 설명이 끝나고 안중근에게 말할 기회가 주어지자 그의 입에서는 즉시 애국적 열변이 터져 나왔다. 법정의 분위기나 사정을 전혀 의식하지 않고, 그와 같은 그의 발언이 청중들에게 과연 어떤 효과를 가져 올 것인가에 대하여는 아랑곳없이, 그는 어떻게 한국이 그동안 일본에 의하여 억압을 받았으며, 그 억압의 주인공이 바로 이토 공작이라고 열변을 토하였다. "이토 공작이 있는 한 나의 조국은 영구히 멸망할 것이오, 이것은 나의 의견일 뿐만 아니라 내가 만나 본 한국인 모두의 의견이며, 심지어 한국의 농부와 시골에 사는 사람들의 의견이오."

신기한 사실은 이들 가운데 아무도 정작 일본인들 전체를 비난하거나 일본인들이 자기 나라의 국토를 점령하고 있다는 사실에 대해서는 분노를 터뜨리지 않았다는 것이다. 이 모든 불행이 이토 공작 때문이고, 이토 공작의 음모요, 이토 공작의 책략이요, 이토 공작의 야심 때문이라는 것이었다. 누가 이 불화를 가져왔는가? 이토. 일본인들에 대한 봉기의 원인은 무엇인가? 이토. 한국이 일본 천황에게 보낸 국서를 중간에 가로챈 사람은 누구인가? 이토. 안중근 씨의 주장을 경청하다 보면 이토 히로부미야말로 한국의 자유를 말살한 무자비한 독재자일 뿐이었다.

그런데 여기에서 판사가 지금까지 이런 종류의 재판에서 선례가 없는 아주 이상한 행동을 하였다. 그것은 일반 일본인들이 이 범죄자에 대하여 느끼고 있는 대단한 존경심을 역으로 보여주는 한 단면이기도 하였다. 살해당한 일본 정치가에 대한 기억은 일본인들에게 고귀한 것이었으며 이것은 결코 더럽혀질 수 없는 것이었다. "당신이 계속 이런 발언을 한다면……," 판사는 엄숙하게 안중근에게 말했다. "우리는 이 법정에서 방청인들을 모두 퇴장시킬 수밖에 없소."

그러나 이 경고를 의도적으로 묵살하는 것인지, 아니면 너무 흥분해서 그런지 안중근의 말은 막힘없이 강물처럼 흘러나왔다. 할 수 없이 판사는 그가 경고한 대로 할 수밖에 다른 도리가 없었다. 그는 법정 경비 헌병들에게 방청인 모두의 퇴장을 명하였다. 방청인들은 명령대로 조용히 법정에서 빠져나갔다. 그러나 안중근은 텅 빈 법정의 벽과 아무런 감정을 보이지 않는 법관들과 통역인들, 그리고 함께 기소된 공범들의 귀에다가 금지된 연설을 폭포처럼 쏟아냈다.

다음 날에는 방청인들의 입장이 다시 허용되었으며 이 자리에서 검사는 사건의 전모를 요약하였다. 일본정부 당국은 이 암살사건의 전모를 부득이한 경우를 제외하고는 가능한 한 만천하에 공개하기를 원하고 있었다.

4. 안중근은 강직한 성격의 소유자

드러난 증거에 의하면 이토 공작의 암살사건은 사람들이 생각했던 것처럼 사전에 엄청난 규모의 음모가 있었던 것은 아님이 분명했다. 왜냐하면 그간 진행된 철저한 수사와 신문에도 불구하고 일본 당국은 현재 진행되고 있는 한국에 대한 일본정부의 정

책을 송두리째 무너뜨리는 한국인 불순분자들의 벌집을 이번 사
건을 계기로 뿌리째 들어내려던 계획에 실패하였기 때문이다. 현
재 한국인들은 가슴속에 불만이 가득한 듯했다. 그러나 그 불만이
어떤 조직적인 것은 못 되는 것 또한 분명했다.

지금까지 드러난 암살범의 성격이나 주변 상황으로 보아 이 암
살범은 어느 누구의 사주에 의한 것이 아님이 분명하며, 그가 자
신의 계획을 거사 이전에 누구에게 알려 준 사람이 있다면 그 사
람은 현재 공범으로 체포되어 재판을 받고 있는 우씨 한 사람뿐
이었다. 우씨 이 외에 조씨와 유씨라는 다른 공범들조차도 막연하
게 무슨 일이 진행되고 있다는 감만 가지고 있었다. 조씨가 이 음
모에(이 사건을 과연 음모라고 말하는 것이 옳은 일인지도 확실하
지 않지만) 가담하게 된 것은 순전히 그가 러시아어를 할 줄 아는
사람이었기 때문이었다. 안중근은 처음부터 이 조씨를 신뢰하지
않았다. 그것은 "조씨가 이미 한국을 떠나 러시아 영토에서 13년
간 살고 있었기 때문"이라고 안중근은 불신의 이유를 밝혔다. 고
로 공범 조씨는 단순이 도구에 불과한 사람이었다. 유씨라는 공범
은 단지 한 소년에 불과했다. 학교에도 다니지 못한 어린 소년으
로 그저 편지 전달하는 일에나 적합한 인물이었으며, 이 일마저도
제대로 해낼 수 없어 보이는 소년이었다.

안중근은 달랐다. 그는 강직한 성격을 소유한 사람이었다. 그가
약점을 보인 곳은 그의 성격이 아니라 공범 우씨를 신뢰한 그의
판단력이었다. 우씨는 가난하고 우유부단한 사람으로서 열쇠공,
수금원, 담배장수 등 안 해 본 일이 없는, 어떤 한 가지 직업에

오래 붙어 있지 못하는 인물이었다. 이 재판의 결말은 이미 정해져 있었다. 안중근의 무죄를 증명하는 것은 처음부터 불가능한 일이었다. 변호인 측에서 바랄 수 있는 것이 있다면 그것은 형량을 줄여 보는 일뿐이었다. 모든 범죄의 변호인에서 가능하듯이 이 사건의 변호에도 사용할 수 있는 논리의 하나는 형법의 기본 정신에 호소하는 것뿐이었다. 그것은 '잘못된 등기론'이었다.

일본인 변호사 미즈노는 다음과 같은 변론을 전개하였다. "재판장님, 이 교육도 받지 못했고 잘못된 사상으로 불타고 있는 나라에서 태어난 이 사람들에게 동정심을 보여주시기 바랍니다. 정동정도 할 수 없고 용서도 할 수 없다면 이 사람들의 생명을 빼앗는다는 것이 결코 대일본제국의 형법 정신을 실현시키는 일이 아니라는 사실을 상기해 주시기 바랍니다. 다시 말해서 형사 처벌의 목적은 다른 사람들이 같은 범죄를 또 다시 저지르는 일이 없도록 하는 데 있다는 형법의 기본 정신 말입니다."

5. 사형 판결 영웅의 왕관을 손에 들고 늠름하게 법정을 떠나다.

2월 14일 월요일, 마침내 이 죄수들은 선고를 받기 위하여 검정색 죄수 호송마차에 실려 마지막으로 법정에 도착하였다. 예상한 대로 안중근에게는 사형이 언도되었다. 살해당한 이토 공작도 이와 같은 극형은 결코 바라는 바가 아닐 것이라는 한 변호인의 탄원이 있었지만 묵살되었다.

우씨에게는 3년 징역에 중노동이, 조씨와 유씨에게는 각각 18개월의 징역형이 선고되었다. 형을 선고받은 피고들의 모습은

각자 특색이 있었다. 나이 어린 유씨는 가련하게 울먹였다. 조씨
는 좀 나았다. 우씨는 잃었던 침착성을 되찾은 듯 아무도 원망하
지 않았다.

안중근은 달랐다. 기뻐하는 모습이 역력했다. 그가 재판을 받
는 동안 법정에서 자신의 정당성을 주장하는 열변을 토하면서 두
려워한 것이 하나 있었다면 그것은 혹시라도 이 법정이 오히려
자기를 무죄 방면하지나 않을까 하는 의심이었다. 그는 이미 순교
사가 될 준비가 되어 있었다. 준비 정도가 아니고 기꺼이, 아니
열렬히, 자신의 귀중한 삶을 포기하고 싶어 했다. 그는 마침내 영
웅의 왕관을 손에 들고 늠름하게 법정을 떠났다.

일본정부가 그처럼 공들여 완벽하게 진행하였으며, 현명하게
처리한 이 세상을 떠들썩하게 만든 일본식의 한 '유명한 재판 사
건'은 결국 암살자 안중근과 그를 따라 범행에 가담한 잘못 인도
된 공범들의 승리로 끝난 것은 아닐까.

－번역 이창국(중앙대 명예교수)

중국 측 자료

부록-10 중화민국 국부國父 손문孫文 제사題詞

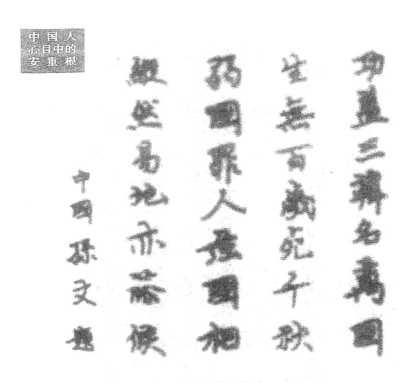

孙文题词

(자료: 「中國人心目中的安重根 중국인 마음속의 안중근」)

손문孫文 제사題詞 해석

공은 삼한 뒤덮었고 이름 만국 떨쳤거니,

백세 살지 못했으나 죽어 천추 이름났네.

약한 나라 죄인이고 강한 나라 정승이나,

처지 서로 바뀐다면 역시 이등 같았으랴.

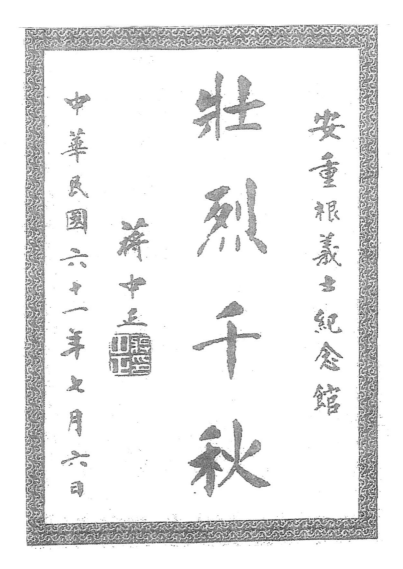

부록-11 중화민국 총통_{總統} 장중정_{蔣中正} 제사_{題詞}

(자료: 「中國人心目中的安重根 중국인 마음속의 안중근」)

장중정蔣中正 제사題詞 해석

안중근 의사의

장렬한 의거 천추에 빛나다

부록-12 중화인민공화국 총리總理 주은래周恩來 평가評價

中日甲午战争之后，本世纪初，安重根行刺
伊藤博文，就在哈尔滨车站，两国人民共同反对
日本帝国主义的斗争，就开始了。

周恩来评价

(자료: 「中國人心目中的安重根 중국인 마음속의 안중근」)

주은래周恩來 평가評價 해석

갑오년 청일전쟁淸日戰爭 후 금세기초에
안중근安重根 의사義士가 하얼빈
역에서 이등박문이토 히로부미을 저격한 것은,
중한中韓 양국 인민들이
일본제국주의에
공동으로 투쟁하는
시초가 되었다.

부록-13 중화민국 사상가思想家 양계초梁啓超 찬시讚詩

黄沙卷地风怒号
黑龙江外雪如刀
流血五步大事件
狂笑一声山月高
尘路思承晏子便
其邻拟接要离塚

梁启超赞诗

(자료:「中國人心目中的安重根 중국인 마음속의 안중근」)

양계초梁啓超 찬시讚詩 해석

누런 모래 땅 덮으며 바람 소리 매서운데,

흑룡강 밖 내리는 눈 매섭기가 칼과 같네.

오보 앞서 피 흘리며 큰일을 다 마쳤거니,

크게 웃는 한소리에 산에 뜬 달 드높구나.

티끌 길서 안자 채찍 이을 생각하거니와,

좋은 이웃 접해 살며 이웃집이 되고프네.

부록-14 중화민국 대학자_{大學者} 장태염_{章太炎} 제사_{題詞}

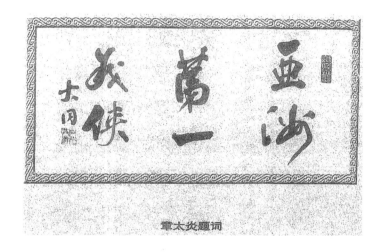

（자료: 「中國人心目中的安重根 중국인 마음속의 안중근」）

장태염章太炎 제사題詞 해석

안중근 의사는

아시아 제일의

의인 협객이다.

부록—15 중화민국 한염韓炎 주호周浩 찬사讚詞

漢炎 讚辭

周浩 讚辭

(자료: 「中國人心目中的安重根 중국인 마음속의 안중근」)

한염(韓炎) 찬사(讚詞) 해석

안중근 의사는

한국의 현인이며

또한 세계의 영웅이다.

주호(周浩) 찬사(讚詞) 해석

안중근(安重根) 의사(義士)가 이등박문(이토 히로부미)을 저격하여 죽인 것은,

비단 조국의 원수를 갚기 위한 계책에서일 뿐만이 아니라,

대개 세계 평화의 공적을 죽인 것이다.

그러니 이는 비단 한국에 공을 세운 사람일 뿐만 아니라,

역시 동아시아에 공을 세운 사람이며,

전 세계에 공을 세운 사람이다.

부록 16 가곡歌曲 『도념안중근悼念安重根 안중근을 추모하다』

歌曲《悼念安重根》

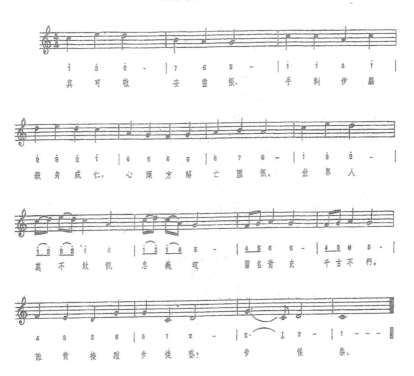

(자료: 「中國人心目中的安重根 중국인 마음속의 안중근」)

가곡歌曲 『도념안중근悼念安重根 안중근을 추모하다』 해석

참으로 안중근 의사는,

존경할 만하구나!

이등박문을 저격해서 살신성인 징신으로,

망국의 한 풀었도다!

온 세계 사람들이 모두 충의의 혼,

가슴 속에 새기도다!

청사에 남긴 이름,

영원토록 썩지 않으리라!

누가 뒤 이어서 공의 뒤를 따르려나!

공의 뒤를 따르려나!

　가곡歌曲 『도념안중근悼念安重根』 은 중국 만주 대흥안령大興安嶺 감하임업국甘河林業局 제일중학교 교장 춘우번春雨番 동지가 안중근 의사의 하얼빈의거를 추억하여 연창演唱한 노래이다. 작자는 미상이다. 이 노래는 『동북항일연군가곡선東北抗日聯軍歌曲選』 제183항에 수록되었다.

부록-17 중국 상해 『민우일보民吁日報 1909. 10.27.』「사설社說」

(자료: 「中國人心目中的安重根 중국인 마음속의 안중근」)

『민우일보民吁日報』 「사설社說」 해석

이등박문 만주여행의 음모

(伊藤滿州旅行之陰謀이등만주여행지음모)

··· 설사 이번 이등박문이토 히로부미의 만주여행은 정치상에 있어서 중대한 문제가 있는 것은 아니라고 하더라도, 반드시 이 노인이 한 번 가야만 해결이 되는 것이다. ··· 혹자는 한국을 멸망시킨 자가 이등박문이라고 하며, 한국을 통치하는 자가 이등박문이라고 한다. ··· 오늘날 만주의 일청협약日淸協約은 옛날 일한협약日韓協約과 차이가 없다. 지난날의 일한협약이 성사된 것이 이미 이등박문이 아니면 할 수 없었던 것이다. ··· 오늘날 일청협약을 성사시키는 것도 역시 이등박문이 아니면 할 수가 없는 것이다. ··· 이번 여행은 아마도 장차 만주를 통치하는 것에 미리 대비하기 위한 것이다. ··· 이번 여행은 대개 러시아와 만주의 처분을 협의하기 위한 계책에서 이루어진 것이다.

부록-18 중국 상해 『시보時報 1909.10.28.』 「사설社說」

社 說

論伊藤被戕事

嗚呼伊藤已矣魄意此亦短緒歟界之偉人外交之圉乎而
竟遭矣以死也過澗三十年之前之伊藤不過一外閣留學生其
遭遇風雲之會站知韜略之良運帷幄之英謀揮折衝之妙腕
運身故畢十餘於聞世然造成一亞東之新圖一與足爲世界
呼重得不謂之人傑矣乎…

朴賀某之狙擊既成其
…

(자료: 「中國人心目中的安重根 중국인 마음속의 안중근」)

중국 상해 『시보時報』 「사설社說」

이등박문이 저격 받아 죽은 사건을 논하다.

(論伊藤被狙事논이등피장사)

아! 이등박문이토 히로부미이 죽었다. 어느 누가 혁혁하게 빛나는 이 정계의 위인이며 외교계의 거물이 마침내 순식간에 죽을 줄 생각이나 하였겠는가. 30년 전으로 되돌아가 생각해 보면 이등박문은 일개 외국 유학생에 불과했을 뿐이다. 그런데 풍운風雲의 기회를 만나 비로소 계책을 잘 운용하며 묘책을 잘 세우는 지모가 있음을 알고는 외교적 수완을 마음껏 발휘하여, 정계에 투신한 지 10여 년 사이에 동아시아에 하나의 새로운 나라를 만들어 내었다. 이로 인해 일거에 세계가 주목하는 중요한 인물이 되었으니, 참으로 인걸人傑이라고 하지 않을 수 없다.

… 2년 전에 이등박문이 부산을 경유하여 한성에 이르렀을 때 일찍이 한국인 아무개의 저격을 받았으나, 박랑사博浪沙의 부거副車를 적중시키지 못하였다.장량이 진시황 저격에 실패한 고사. 그러니 이것은 이미 제2차의 저격사건인 것으로, 한국인들은 이 늙은이에 대해 일찍부터 죽이려는 생각을 가지고 있었던 것이다. 가장 기이한 것은, 바닷가 문약한 나라인데도 조말曹末이나 형가荊軻와 같은 의인義人이 있다는 사실이다.

부록-19 중국 천진 『대공보大公報 1909.10.28.』 「사설社說」

言論

伊藤公被刺有感

自政治思想普及全球凡亡國之民無不以復國仇雪國恥爲其唯一之目的

韓小國也然歷史上本…之性質乃以…日本之後一般國民無不號呼

走以反抗日本爲…此次伊藤公游歷滿洲至哈爾濱驛…韓民所刺斃

嗚呼豈非千古之奇聞而我亞東史上唯一之大紀念哉 二志士挺身而起以光復

祖國爲志者近代政治之風潮亦云衆彼土耳…韓民刺斃

如李文忠之被刺大隈伯之受傷外交上之范雠發內亂爲尤甚惟此等暗殺主義

然天下郡用力愈甚者其反動力亦愈大似韓民雖覺悟無二二志士

外交衝突之時必一懲孤行主持强硬政策吾漢及一身獨往小而結怨於全國者宜

之死固屬有價値然亦視韓民之心理其帳恨爲何如乎至彼主持暗殺者亦屬熱心國家之人

然而殺一伊藤不足以救韓國之亡不殺伊藤亦未必能阻韓國之興韓國之亡本無關係

吾不知持此暗殺主義者此目的果何在也

反是而觀我國之政治家旣不能樹敵於外人而但能結怨於國內然其暗殺之爲也如虎如蟲進暗殺慕之也如

甚至鬻其名而不如伊藤者其功業不如伊藤而其畏死之心則較伊藤爲甚伊果東漢積憤恕國不柰慶

第而愛歟矣

址. 1909年10月28号

(자료: 「中國人心目中的安重根 중국인 마음속의 안중근」)

부록-19 중국 천진 『대공보大公報』 「언론言論」 해석

이등박문이 저격되었다는 소식을 듣고 느낌이 있어 적다.

(聞尹藤公被刺有感이등공피자유감)

　정치사상이 온 세계에 보급된 이후로 망한 나라의 국민들은 모두 나라의 원수를 갚고 나라의 수치를 씻는 것을 유일한 목표로 삼았다. 한국은 약한 나라이다. 역사상 본디 무능하고 문약한 성격이나 그런데도 이에 일본의 속국이 된 이후로는 일반 국민들이 모두 분주하게 일본에 반항하기를 일삼았다. 이러던 차에 이등박문이토 히로부미 공이 만주를 여행하면서 하얼빈에 이르렀다가 마침내 한국인의 저격을 받아 죽었다. 그러니 이 어찌 천고의 기이한 소문이 아니겠으며, 우리 동아시아의 역사상 유일한 기념비적인 사건이 아니겠는가. … 그러나 천하의 일은 압력을 갈수록 더 심하게 가할 경우, 그에 대한 반동 역시 갈수록 더 커지는 법이다. 저 한국 사람들은 비록 우매하다고는 하지만, 어ㅈ찌 한두 명의 지사志士가 없겠는가!

부록-20 중국 상해 『신보中報1909.10.28』 「사설社說」

閔伊藤被刺感言

(자료: 「中國人心目中的安重根 중국인 마음속의 안중근」)

부록-20 중국 상해 신보「申報」「사설社說」 해석

이등박문 피격 소식을 들은 데 대한 느낌을 적다.

(聞伊藤被刺感言문이등피자감언)

우리 중국은 갑오년1894에 일본과 전쟁청일전쟁 1894~1985을 한 번 치르고 난 두에 조선한국을 잃고 대만을 떼어 주었으며 배상금 2백조 원을 갚았다. 이에 조야의 상하 사람들이 모두 크고 깊은 슬픔에 휩싸이고는 비로소 이등박문이토 히로부미이라는 사람이 있다는 것을 알았다. … 비록 그러나 암살단이 이등박문을 저격한 것은 조선을 병탄한 원수이기 때문이다. 그리고 이등박문이 조선을 병탄하였으니, 오늘은 바로 원수를 갚는 것을 성공한 날이다.

English Abstract

The Indendence Movement related to Ryu Inseok and Ahn Jungkeun

The History of Korean Independence Movement studied in this article is about the subject related to Uiam pen name Ryu Inseok, who was the captain of Changui troop meaning the creating of volunteer resistance group, and the great martyred Ahn Jungkeun. First I tried to prove that The Captain of Korean Changui troop in Yeonhaeju The Maritime Province of Siberia of Russia at 1908 must be Ryu Inseok. The next topic is to prove that the role of Ryu Inseok in 1908 was the Joint chief commanding of two Changui troops based in the inter-peninsular and Yeonhaeju. Thirdly The Chief resistance captain Kim Duseong of Yeonhaeju mentioned in Ahn Jungkeun's autobiography called The History of Ahn Eungchil and stated in Yeosun prison is supposed to be the alias of Ryu Inseok. Fourthly Ahn Jungkeun was behind Ryu

Inseok's commandship at Korean Changue troop in Yeonhaeju. Lastly, same documents and recordings suggested also that there have been Ryu Inseok's commandship who was behind Ahn Jungkeun's executing the former Japanese prime minister Ito Hirobumi at Harbin station in October 26 1909, who was in advanced guard of invading Korean peninsula.

The contents listed in above is the first writings in the history of Korean independence movement. The fact that Kim Duseong is actually Ryu Inseok, has been studied many times, but there was no conclusive evidence. However, this research analyze closely the real meaning of documents through the rational expansion of logics. I would like to retort to myself if this kind of study is useless. However, this research is considered to be valuable to check again. It might happen to rewrite The History of Korean independence movement or The History of Changui activity according to the result of this kind of researches. Therefore, this research has a deep meaning and also can give a deep impact to the methods of modern Korean history studies.

It is a general recognition that Ryu Inseok was The Captain of 1895 Ulmi Changui troop, failed in the battles, and attempted exile to Manchuria twice. After that time, he returned and had taught patriotism to person and helped Changui troop activity. Since then he again went to Yeonhaeju in September~1908 and was promoted to be The Chief general of 13 provinces of Korean Changui troop in February 1910. This is the general fact of the previous research of Ryu Inseok. However this research tells that his activity is expected to be wider, broader and more progressive. He went to Vladivostok of Yeonhaeju in April 1908 and joined the meeting for forming of Changui troop at Yeonhaeju as a key member together with Lee Bumyun and Ahn Jungkeun. And then, it could be shown that the end of June in same year, he was selected as The General of Yeonhaeju Changui troop. All this research has been conducted on the basis of thorough analysis on The documents of history on Korean independence movements edited by The

National Institute of Korean History and Uiamjip written by Ryu Inseok.

Therefore, The previous research of Ryu Inseok's internal Changui movements~September 1908's exile to Yeonhaeju~Promotion to The Chief General of 13 provinces February 1910, can be seen as downsized when comparing the original activity and its meaning. These kind of previous studies can make his forming activity of Changui in Yeonhaeju disappear, and contract his broad activity including in and out of Korean peninsula. Such a research can be obviously regarded as a wrong study. The point of this article is that Ryu Inseok played a leading role of the Changui troop meeting in April 1908, and end of June he was promoted to The Chief General~Ahn Jungkeun charged forward into the peninsula as The Lieutenant General of Staff member under the Ryu Inseok's command~Ryu Inseok came back to the peninsular July 1908 and encouraged all the Changui group spread all over the country~His activity stretched all over the inside and outside of the country as The

Chief Commander of whole Changui troops for independence~He led the Ahn Jungkeun's heroic Harbin activity October 26 1909~Ryu Inseok was selected to The Chief General of Changui troop movements in February 1910, and his role is highly estimated. Therefore, one can see that his position after June 1908 was the continuation of The United Changui general.

Now then, we come to ask where the difference between previous studies and this article is derived. The general tendency of previous researches did not put the weight on the factuality of The documents of history on Korean independence movements, because many of them were Japanese police recordings for their investigation or information. But this article adds the value on the specific documents about Ryu Inseok by analyzing Hungi 432 of Hamkyung province infomation from The documents of history on Korean independence movements. On the other hand, Uiamjip has many things being missed due to the Japanese police interruption of issuing the matters and have found what had been missed. This new approach by checking and supplementing the documents open the new innovative interpretation, which could not be revealed in the past researches.

As mentioned earlier, the new approach shows Ryu Inseok is really The Chief General of Changui troop in Yeonhaeju. He joined the meeting of Changui group at Vladibostok in April 1908 together with Lee Bumyun and Ahn Jungkeun to form a voluntary military troop, and was elected as The Chief general of Changui troop in June of the same year. The purpose of Changui troop in this area was to move the military bases to the strategically more advantageous place to overcome the limit of resistance campaign of the Changui troop in the peninsular. Basically the fundamental reason of building foreign military bases is to cooperate with domestic troop and eventually to destroy the Japan and restore our own sovereignty. To achieve this goal, Ryu Inseok returned home to prepare domestic resistance Changui troop, leaving the mission to Lee Bumyun and Ahn Jungkeun under his command, for Yeonhaeju troop to penetrate into the homeland.

It is meaningful that he encouraged the activity of
the Changui troop at Gaecheon, Pyungannamdo in
May and recruiting campaign of Changui troop at
Chosan, Pyunganbukdo in July, soon after he
convened the Changui conference on Vladibostok in
late April and created the Changui troop at
Yeonhaeju, in late June 1908. His role of domestic
Changui movement besides the role of Yeonhaeju
Changui activity indicates that he must have been
The United chief general of inside and outside
independence movements. The notification document
discovered at the time when he went into exile to
Yeonhaeju August 1908 proves those roles above.
There exists a report that he was The Captain of
domestic Changui troop in September 1908 when he
settled there, which proves also that he was Changui
captain of Yeonhaeju. Ahn Jungkeun's autobiography
kept describing in police investigation that he was a
staff lieutenant general, having special mission,
under the Kim Duseong's command, who was a

commander in chief in that area, while telling the justification of the historic Harbin undertaking. His autobiography and his testimony in prison can not be lie, because he already stood up upon life and death at that time. Moreover, 5 month long relentless investigation and torture was expected no one could tell lies. His statement in prison is believed and turned out to be true except the only case to protect parties involved.

Several researchers have found that the name Kim Duseong was the alias of Ryu Inseok. Indeed, Kim Duseong is the same person to Ryu Inseok? Ahn's autobiography and his prison testimony during the investigation by Japanese military police after the Harbin Undertaking stated that The Commander in Chief of Yeonhaeju was Kim Duseong. The researches up to this time have found that Kim Duseong was another name of Ryu Inseok, but they could not provide enough evidences. In other words, when Kim Duseong created Changui troop at Yeonhaeju in June 1908, Ryu Inseok was involved in domestic Changui activity and September he went into exile to Yeonhaeju of Russia. There were time and space difference, which looked contradictive. However, this article analyzed closely The documents of history on Korean independence movements and Uiamjip and solved the inconsistency by checking their factuality and missing points. When Kim Duseong took an active role in June 1908, Ryu Inseok also was there and created Changui troop. And Kim and Ryu both from Kangwon province had a follower Lee Bumyun. This conditional match proves that Kim Duseong mentioned by Ahn Jungkeun, was actually Ryu Inseok. It means the limit of previous studies, in which The documents of history on Korean independence movements are regarded useless. And the previous study accepting Uiamjip as truth without supplementary explanation has the problems at least in the 4 months during April to July in 1908.

As summarizing, Ahn Jungkeun stated that he joined in Volunteers War for Independence as the Staff lieutenant general of Yeonhaeju under the Kim Duseong's command. Kim Duseong was actually a fake name of Ryu Inseok and consequently Ahn was in fact under Ryu's guidance as Changui Commander. Ahn's Harbin Undertaking is proved to have been carried into execution also as the Independent leader in special mission under Kim's command. Now, we find that Ahn's activity in Volunteer's War and Harbin Undertaking were all guided by Ryu Inseok's commandership.

Key words: Ryu Inseok류인석, Ahn Jungkeun안중근, Kim Duseong김두성, volunteer resistance troop의병, creating of volunteer resistance troop창의, Changui troop창의군, Yeonhaeju resistance troop연해주의병, the leader of Changui troop창의대장, United Changui chief general통합창의대장, Hungi 432헌기 432호, Harbin Undertaking하얼빈의거, Yeosun여순, notification통문, The Documents of history on Korean independence movements『한국독립운동사자료』, Uiamjip『의암집』, Ito Hirobumi이토 히로부미, 이등박문.

찾 아 보 기

柳麟錫과 安重根의 독립운동

2016년 12월 10일 1판 1쇄 인쇄
2016년 12월 31일 1판 1쇄 발행

지 은 이 정 우 택
펴 낸 이 심 혁 창
디 자 인 홍 영 민
마 케 팅 정 기 영

펴낸곳 도서출판 한글
서울특별시 서대문구 신촌로 27길 4호
☎ 02) 363-0301 / FAX 02) 362-8635
E-mail : simsazang@hanmail.net
등록 1980. 2. 20 제312-1980-000009

GOD BLESS YOU

정가 15,000원

*

ISBN 97889-7073-528-3-83920